L'EXILÉE

CALMANN-LÉVY, ÉDITEURS

DU MÊME AUTEUR
Format grand in-18.

AU MAROC.	1 vol.
AZIYADÉ.	1 —
LE CHATEAU DE LA BELLE-AU-BOIS-DORMANT.	1 —
LES DERNIERS JOURS DE PÉKIN	1 —
LES DÉSENCHANTÉES	1 —
LE DÉSERT.	1 —
L'EXILÉE.	1 —
FANTÔME D'ORIENT	1 —
FIGURES ET CHOSES QUI PASSAIENT	1 —
FLEURS D'ENNUI.	1 —
LA GALILÉE.	1 —
L'INDE (SANS LES ANGLAIS).	1 —
JAPONERIES D'AUTOMNE.	1 —
JÉRUSALEM	1 —
LE LIVRE DE LA PITIÉ ET DE LA MORT.	1 —
MADAME CHRYSANTHÈME.	1 —
LE MARIAGE DE LOTI.	1 —
MATELOT	1 —
MON FRÈRE YVES.	1 —
LA MORT DE PHILÆ.	1 —
PAGES CHOISIES.	1 —
PÊCHEUR D'ISLANDE.	1 —
PROPOS D'EXIL.	1 —
RAMUNTCHO.	1 —
RAMUNTCHO, pièce.	1 —
REFLETS SUR LA SOMBRE ROUTE	1 —
LE ROMAN D'UN ENFANT.	1 —
LE ROMAN D'UN SPAHI.	1 —
LA TROISIÈME JEUNESSE DE MADAME PRUNE	1 —
VERS ISPAHAN.	1 —

Format in-8° cavalier.

ŒUVRES COMPLÈTES, tomes I à X.	10 vol.

Éditions illustrées.

PÊCHEUR D'ISLANDE, format in-8° jésus, illustré de nombreuses compositions de E. RUDAUX.	1 vol.
LES TROIS DAMES DE LA KASBAH, format in-16 colombier, illustrations de GERVAIS-COURTELLEMONT.	1 —
LE MARIAGE DE LOTI, format in-8° jésus. Illustrations de l'auteur et de A. ROBAUDI	1 —

E. GREVIN — IMPRIMERIE DE LAGNY

PIERRE LOTI

DE L'ACADÉMIE FRANÇAISE

L'EXILÉE

PARIS
CALMANN-LÉVY, ÉDITEURS
3, RUE AUBER, 3

Droits de traduction et de reproduction réservés pour tous les pays, y compris la Hollande.

CARMEN SYLVA

CARMEN SYLVA

Novembre 1887.

Au courant de ma vie errante, il m'est arrivé une fois de m'arrêter dans un château enchanté, chez une fée.

Le son lointain du cor dans les bois a le pouvoir de faire revivre pour moi les moindres souvenirs de ce séjour.

C'est que le château de la fée était situé au milieu d'une forêt profonde dans laquelle on entendait constamment des trompettes militaires au timbre grave se répondre comme de très loin. Ces sonneries étrangères, inconnues, avaient une mélancolie à part, semblaient des appels magiques, dans l'air sonore qu'on respirait là, — l'air silencieux, vif et pur des cimes...

La musique a pour moi une puissance évocatrice complète ; des lambeaux de mélodie ont conservé, à travers le temps, le don de me rappeler mieux que toutes les images certains lieux de la terre, certaines figures qui ont traversé mon existence.

Donc, quand j'entends au loin des trompes sonner, je revois tout à coup, aussi nettement que si j'y étais encore, un boudoir royal (car la fée dont je parle est en même temps une reine), donnant par de hautes fenêtres gothiques sur un infini de sapins verts serrés les uns aux autres comme dans les forêts primitives. Le boudoir, encombré de choses précieuses, est d'une magnificence un peu sombre, dans des teintes sans nom, des grenats atténués tournant au fauve, des ors obscurcis, des nuances de feu qui s'éteint; il y a des galeries comme de petits balcons intérieurs, il y a de grandes draperies lourdes masquant des recoins mystérieux dans des tourelles... Et la fée me réapparaît là, vêtue de blanc, avec un long voile; elle est assise devant un chevalet et peint sur parchemin, d'un pinceau léger et facile, de merveilleuses enluminures archaïques où les ors dominent tout, à la manière byzantine : un travail de reine du temps passé, commencé depuis trois années, un missel sans prix, destiné à une cathédrale.

Le costume blanc de la fée est de forme orientale, tissé et lamé d'argent. Mais le visage, qui s'encadre sous les plis transparents du voile, a ce je ne sais quoi d'adouci, de nuageux qui n'appartient qu'aux races affinées du Nord. Et pourtant il règne dans tout l'ensemble une si parfaite harmonie qu'on dirait ce costume inventé précisément pour la fée qui le porte. —

Pour cette fée qui a écrit elle-même quelque part : « La toilette n'est pas une chose indifférente. Elle fait de vous un objet d'art animé, *à condition que vous soyez la parure de votre parure.* »

Avec quels mots décrire les traits de cette reine? Comme la chose est délicate et difficile! Il semble que les expressions ordinaires, qu'on emploierait en parlant d'une autre, deviennent tout de suite irrévérencieuses, tant le respect s'impose dès qu'il s'agit d'elle. L'éternelle jeunesse est dans son sourire, elle est sur ses joues d'un inaltérable velouté rose ; elle brille sur ses belles dents, claires comme de la porcelaine. Mais ses magnifiques cheveux, que l'on voit à travers le voile semé de paillettes argentées, sont presque blancs !... « Les cheveux blancs, a-t-elle écrit dans ses *Pensées,* sont les pointes d'écume qui couvrent la mer après la tempête. »

Et comment exprimer le charme unique de son regard, de ses yeux gris limpides, un peu enfoncés dans l'ombre sous le front large et pur : charme de suprême intelligence, charme d'infinie profondeur, de discrète et sympathique pénétration, de souffrance habituelle et d'immense pitié! Très changeante est l'expression de ce visage, bien que le sourire y soit presque à demeure. — « Cela fait partie de notre rôle à nous, me dit-elle un jour, de constamment sourire comme les idoles. » — Mais ce sourire de reine a bien des nuances diverses; quelquefois c'est tout à coup de la gaieté fraîche, presque enfantine; très souvent c'est un sourire de mélancolie résignée, — par instants même, de tristesse sans bornes.

Des chagrins qui ont blanchi les cheveux de cette souveraine, il en est un que je sais, — que je puis mieux que personne comprendre,— et qu'il m'est permis de dire : au milieu du grand jardin d'une résidence royale, on m'a conduit par son ordre au tombeau d'une petite princesse qui lui ressemblait, qui avait hérité de ses traits et de son beau front large.

Sur le tombeau, j'ai lu ce passage de l'Evangile : « Ne pleurez pas, elle n'est pas morte, elle dort. » Et en effet, la petite statue couchée semble dormir paisiblement dans sa robe de marbre.

« Ne pleurez pas. » Pourtant la mère de la petite endormie pleure encore, pleure amèrement son enfant unique. Et voici une phrase d'elle qui souvent me revient à la mémoire, comme si une voix la redisait en dedans de moi-même avec une lenteur funèbre : « Une maison sans enfant est une cloche sans battant; le son qui dort serait bien beau peut-être, si quelque chose pouvait le réveiller. »

Oh! comme je me rappelle les moindres instants de ces causeries exquises dans ce boudoir sombre, avec cette reine vêtue de blanc. — Au commencement de ces notes, j'ai dit une fée. C'était une manière à moi d'indiquer un être d'essence supérieure. Aussi bien, je ne pouvais pas dire : un ange, car ce mot-là, on a abusé au point d'en faire quelque chose de suranné et de ridicule. Et il me semble d'ailleurs que ce nom de fée, pris comme je l'entends, convient bien à cette femme — jeune avec une chevelure grise; souriante avec une extrême désespérance; fille du Nord et reine d'Orient; parlant toutes les langues et faisant de chacune d'elles une musique; charmeuse toujours, ayant le don de jeter autour d'elle, quelquefois rien qu'avec son bon sourire, une sorte de charme bienfaisant qui relève, qui rassérène, qui console...

Donc, je revois en esprit la reine avec son

long voile (je n'ose plus dire la fée, à présent que je l'ai désignée plus clairement). Elle est devant son chevalet et elle me parle, tandis que les dessins archaïques, qui semblent sortir tout naturellement de ses doigts, s'enroulent sur le parchemin du missel. Auprès de Sa Majesté sont assises deux ou trois jeunes filles, ses demoiselles d'honneur, — jeunes filles brunes, dont le costume oriental est de couleurs étranges, tout doré et pailleté; elles lisent, ou elles brodent sur de la soie de grandes fleurs aux nuances anciennes; elles relèvent leurs yeux noirs de temps à autre, quand la conversation qu'elles entendent les intéresse davantage. La place que Sa Majesté me désigne d'ordinaire est en face d'elle, près d'une fenêtre où une glace sans tain d'une seule pièce donne l'illusion d'une large ouverture à air libre sur la forêt d'alentour. — C'est que, par un raffinement d'artiste, le roi a laissé la forêt sauvage, primitive à vingt pas de ses murs; par les fenêtres des appartements royaux, on ne voit plus que des sapins gigantesques, des dessous de branches, des dessous de bois, — ou bien de grands lointains verts, les cimes boisées des Karpathes, s'étageant les unes par-dessus les autres dans l'air étonnamment pur. Et cette forêt, qu'on sent là tout près, répand dans le château magnifique une impression d'enchantement et de mystère...

Des phrases entières de la reine me reviennent en mémoire avec leurs inflexions doucement musicales. Je répondais à demi-voix, car il y avait dans ce boudoir une sorte de recueillement d'église. Je me souviens aussi de ces silences quelquefois, après qu'elle avait dit une chose profonde, dont le sens paraissait se prolonger au milieu de ce calme. Et c'est alors, dans ces intervalles, que j'entendais, comme venant des extrêmes lointains de la forêt, des sonneries militaires inconnues dont le timbre grave ressemblait à celui du cor. On était en automne et je me rappelle même ce détail infime : les derniers papillons, les dernières mouches, entrés étourdiment pour mourir dans ce tombeau somptueux, battaient de leurs ailes, tout près de moi, la grande glace claire.

J'ai dit que la voix de la reine était une musique, — et une musique si fraîche, si jeune ! Je ne crois pas avoir jamais entendu son de voix comparable au sien, ni jamais avoir entendu lire avec un charme pareil. Le lendemain de mon arrivée, Sa Majesté avait exprimé la curiosité de connaître mon impression sur certain poème allemand, nouveau pour moi. Son secrétaire me mit en garde dans une causerie particulière : « Si la reine vous le lit elle-même, dit-il, vous ne pourrez pas juger ; n'importe ce que lit la reine semble toujours délicieux, — comme les morceaux qu'elle chante ; mais si on reprend le livre après, pour lire seul, ce n'est plus du tout cela, on a souvent une complète désillusion. »

J'ai pu voir ensuite combien cet avertissement était fondé ; ayant eu l'honneur d'assister à une lecture que Sa Majesté faisait aux dames de la cour de certains chapitres d'un de mes livres, je ne reconnaissais plus mon œuvre, tant elle me paraissait embellie, transfigurée.

De tout ce château de Sinaïa, qui semble, au milieu de cette forêt, quelque vision d'artiste devenue réalité par la vertu d'une baguette magique, rien n'est resté si nettement gravé dans ma mémoire que ce boudoir de la reine. Il y a déjà du vague dans les images qui me reviennent de ces longues galeries aux tentures pesantes, aux panoplies d'armes rares ; de ces escaliers où circulaient des dames d'honneur, des huissiers, des laquais ; de ces salles Renaissance, qui faisaient songer à un Louvre habité, à un Louvre du temps des rois ; de cette salle de musique, favorable aux rêves, haute et obscure, à merveilleux vitraux, où était le grand orgue dont la reine jouait le soir... tandis que je retrouve tout de suite d'une manière complète cet appartement où Sa Majesté voulait bien quelquefois m'admettre auprès de son chevalet ou de sa table de travail. Il semblait, quand on avait été autorisé à franchir ces doubles portes et ces draperies d'entrée, qu'on eût pénétré dans une région de haute sérénité où tant de gens et de choses n'avaient plus le pouvoir d'atteindre. Et c'est toujours là de préférence que je me représente en pensée cette reine dont j'ai été l'hôte. Lorsqu'elle marchait à travers le boudoir, la blancheur de son cos-

tume tranchait sur le fond sombre des tentures ou des boiseries rares fouillées à tout petits dessins par des armées de sculpteurs. Lorsqu'elle était assise à travailler, de la place qu'elle m'avait indiquée le premier jour et que j'avais coutume de reprendre, je voyais son visage et son voile se détacher en avant d'une grande et superbe toile de Delacroix : *la Mise au tombeau du Christ*. Et toujours, de chaque côté d'elle, assises, les jeunes filles au costume oriental, complétant ce tableau que j'aurais voulu peindre.
— De temps en temps elles se remplaçaient, elles changeaient, ces petites demoiselles d'honneur, toutes très différentes les unes des autres par l'aspect et la physionomie. Quand l'une était partie, là-bas à l'entrée, soulevant les portières aux grands plis lourds, il en apparaissait une nouvelle qui s'avançait sans bruit sur les tapis, après avoir fait d'abord le grand salut de cour,

puis venait baiser la main de la reine, — et quelquefois s'asseyait par terre à ses pieds, appuyant la tête sur ses genoux avec une câlinerie respectueuse. — Et la reine alors expliquait, avec un sourire maternel plein de mélancolie : « Ce sont mes filles. »

— Je crois que ce qui faisait surtout l'attrait unique de ce sourire, encore plus que tous les autres charmes, c'était l'extrême bienveillance, l'extrême bonté.

Et comme j'ai bon souvenir aussi de toutes ces filles qui, pour le premier bonjour de la journée, me tendaient la main avec une simplicité et une grâce si gentilles, de si bonne compagnie ! J'avais été surpris, en arrivant à cette cour, de les entendre toutes, malgré leur costume d'Orient, causer en pur français de toutes les choses intelligentes et nouvelles, comme des Parisiennes du meilleur monde, — peut-être même mieux que les vraies Parisiennes de leur âge, avec plus d'acquis, avec moins de convenu et de visible frivolité. On sentait que la reine avait formé à son école cette pépinière de l'aristocratie roumaine, dont le français est la langue usuelle.

La première fois que j'eus l'honneur de causer avec Sa Majesté, mon étonnement ne fut pas de l'entendre causer supérieurement de choses supérieures, je savais d'avance qu'elle était ainsi. Mais, en tant que reine et obligée au « perpétuel sourire des idoles », il me semblait qu'elle avait dû rester ignorante de certains replis, de certaines souffrances de l'âme humaine, — et mon admiration fut grande de voir, au contraire, qu'elle connaissait à fond toutes les détresses, toutes les misères du cœur des plus petits et des plus humbles, aussi bien que celles du cœur des grands, des princes. Pour former ainsi cette souveraine, il a fallu son enfance austère et assombrie de tous les deuils, dans un château du Nord ; son enfance tenue à dessein loin des cours et mise en contact avec les souffrances des pauvres gens qui vivaient sur le domaine paternel. Pour là rendre si bonne et si accessible à ceux qui pleurent, il a fallu une première éducation simple et familiale, comme celle, sans doute, qu'avaient reçue la princesse de Wied, sa mère, et la reine de Suède, sa tante. Ensuite est venu cette sorte de pèlerinage à travers l'Europe, à Londres, à Paris, à la cour de Berlin et à la cour de Saint-Pétersbourg, en compagnie de sa tante, la grande-duchesse Hélène de Russie. Et, dans les pays où elle s'arrêtait, les maîtres les plus choisis, lui inculquant comme le résumé transcendant de toutes les connaissances humaines, comme la quintessence de toutes les littératures. Et enfin il y a eu ces années, déjà longues, passées sur le trône de Roumanie... Arrivée,

encore très jeune, dans ce pays troublé qui
se formait, elle a dû être obligée de regarder
de près bien des drames, au grand étonnement de ses yeux purs. Alors, tout de suite,
les veuves, les abandonnées, les mères sans
enfant, les petites filles n'ayant plus de
mère, sont devenues ses amies. Elle a jugé
que son devoir de reine était de ne jamais
repousser les confidences, même les plus
sombres, qui lui venaient avec larmes, —
et son rôle a été de relever, de réconcilier,
de pardonner, d'effacer... Ses « filles »
adoptives, élevées au palais, près d'elle, ont
toujours été choisies de préférence dans les
familles sur lesquelles pesait quelque deuil
ou quelque malheur mystérieux, et toutes
celles qui s'y sont succédé, qui en sont parties en pleurant pour suivre un mari, semblent avoir gardé pour la reine une complète adoration.

Une immense pitié qui semble détachée

de tout, qui n'attend rien en retour, qui excuse tout, qui plane au-dessus de tout, — c'est là, je crois, le don rare et un peu surhumain, que le temps, la souffrance, les déceptions, les ingratitudes ont fait à cette reine. Mais, avec sa nature ardente, avec son enthousiasme passionné pour tout ce qui est beau et noble, elle a dû passer par bien des surprises, des indignations, des révoltes, avant d'en venir à ce sourire ultra-terrestre qui semble à présent faire partie intégrante d'elle-même : « Chacun de nous presque a eu son Gethsémani et son Calvaire », a-t-elle écrit quelque part, « ceux qui ressuscitent après, n'appartiennent plus à la terre ».

Entre tant de souvenirs que j'ai gardés de ce château de Sinaïa, parmi les plus charmants, je retrouve les courses du matin dans les sentiers de la forêt. Ces moments-là étaient encore de ceux où il m'était permis de causer un peu longuement avec Sa Majesté. A Sinaïa, qui est une résidence en pays sauvage, très haut dans les Karpathes, la vie de la cour était plus simple qu'au grand palais pompeux de Bucarest; elle prenait même, pendant ces promenades, des allures presque familiales, tant les souverains y mettaient de bonne grâce.

C'était vers neuf heures, généralement, au gai soleil des matinées déjà fraîches de fin septembre. Un huissier venait frapper à ma porte et me disait, avec son accent roumain : « Sa Majesté va sortir et vous demande en bas, monsieur le capitaine. » Alors je descendais vite, courant dans les escaliers, sur les épais tapis d'Orient, entre les rangées de panoplies. En bas, au perron, je trouvais la reine souriante, sa belle taille aux lignes grecques, libre et droite dans une toilette européenne de drap blanc (le costume roumain et le long voile n'étant d'étiquette qu'à l'intérieur du château). A côté d'elle, en robe noire, s'appuyant à son bras, la princesse de Hohenzollern (mère du roi Charles Ier et mère de la feue reine de Portugal). Puis deux ou trois jeunes filles de la cour, non plus en costume oriental, mais habillées comme de petites élégantes d'Occident, en couleurs neutres un peu anglaises, — ce qui faisait d'elles de tout autres personnes tant la métamorphose était grande.

L'air vif des montagnes semblait délicieux à respirer. Le soleil brillait clair, clair ; c'était déjà la grande lumière magnifique des pays du Levant, malgré ce froid, qui déroutait sous ce ciel si bleu. Sur l'herbe et sur la mousse, miroitaient des gouttelettes glacées, des petits cristaux de gelée blanche. Et nous partions, par des sentiers sablés qui tout de suite s'enfonçaient dans la forêt, sous des sapins géants.

La reine semblait heureuse, tranquille. Son visage gardait comme toujours sa fraîcheur reposée, — et cependant elle avait déjà travaillé quatre ou cinq heures, levée avant le jour, la première du château. Enfermée, à la lueur d'une lampe, dans un petit retiro luxueux, au milieu d'une tourelle, déjà elle avait fait sa tâche quotidienne, rédigé des lettres, des ordres, couvert plusieurs pages de sa belle écriture franche. Cela, pour être libre ensuite de s'occuper de ses « filles » et de ses hôtes, de se livrer tout entière aux réceptions de la journée, à la musique, à la causerie et aux jeux.

Quelquefois, le roi Charles était aussi de ces promenades du matin. — Il arrivait, boutonné comme toujours dans sa tunique militaire, ce roi qui a été un soldat admirable.

Puisque j'ai prononcé son nom, qu'il me soit permis de dire aussi un mot de son aspect à la fois bienveillant et grave. Des traits d'une régularité et d'une finesse extrêmes encadrés dans une barbe très noire. Au front, un pli de réflexion profonde, de préoccupation peut-être, assombrissant habituellement le visage; mais le sourire éclairant tout, — un sourire bon et attirant comme celui de la reine. Et tant de simplicité distinguée, tant de naturel dans la majesté royale! Et pour ses hôtes, une si parfaite courtoisie.

D'ordinaire, le roi s'isolait bientôt de quelques pas avec la princesse de Hohenzollern, et la reine elle-même, à cette époque-là, ne rompait plus les tête-à-tête de cette mère et de ce fils, unis par une si visible tendresse et qui allaient se quitter bientôt — (car je me rappelle aussi cette journée d'adieux où la princesse repartit pour l'Allemagne et où nous allâmes tous la reconduire jusqu'à la frontière d'Autriche). C'est avec un sentiment de vénération tout spécial que je la retrouve dans mon souvenir, cette princesse-mère, encore si jolie, malgré les années, dans ses longues dentelles et ses robes noires de vieille dame ; elle me paraissait être l'idéal de la princesse, — et aussi l'idéal de la mère, ayant une ressemblance avec la miénne lorsqu'elle regardait son fils...

Comme je ne suis pas Roumain, comme je ne reviendrai sans doute jamais dans ce lointain château où j'ai été honoré d'une si inoubliable hospitalité, je me sens absolument libre de dire combien cette famille royale est de tout point exquise ; je voudrais seulement savoir exprimer cela dans des termes à part, ne ressemblant pas à des éloges de courtisan.

A quelque distance du château, dans une clairière, il y a une maison de chasse, étrange, en très vieux style gothique, emplie de fourrures d'ours, de cornes d'aurochs, de têtes de sangliers et de cerfs. La reine y possède un cabinet de travail très mystérieux, très solitaire. Toute la demeure fait songer à quelque chalet de la Belle au bois dormant qui se serait conservé depuis le moyen âge, à l'abri des sapins.

Là était, chaque matin, le lieu du rendez-vous général, avant de rentrer au château s'habiller pour le dîner de midi. On y trouvait, arrivés par un autre chemin, les dames d'honneur et les « filles » de la reine qui n'avaient pas suivi la promenade dans la forêt.

C'est là que j'ai entendu pour la première fois la reine nous lire elle-même une de ces *Nouvelles* qu'elle signe CARMEN SYLVA. Un silence religieux s'était fait tout de suite, dès que la musique de sa voix avait commencé de résonner.

C'était une déchirante petite histoire,

écrite avec une rare puissance dramatique, et je me rappelle encore quels frissons me passèrent tandis que je l'écoutais...

Mais ce n'est pas le lieu, dans ces notes rapides, de parler de son talent d'écrivain ; je ne veux même pas effleurer ce sujet-là, qu'il faudrait traiter d'une façon bien autrement sérieuse, dans de longs chapitres ; — si j'ai parlé de cette lecture, c'est seulement pour conter une infime anecdote qui m'est restée dans la mémoire.

Avant de commencer, la reine avait voulu prendre son lorgnon, qui était agrafé à son corsage simple par un de ces diamants énormes, comme en ont seules les reines. Ses « filles » qui l'entouraient avaient protesté, disant : « Non ! cela ne va pas bien à Votre Majesté. Nous ne voulons pas que Votre Majesté cache ses yeux, c'est trop dommage ! » Une, surtout qui faisait l'enfant gâté tout près d'elle, s'y était opposée formellement, et la reine souriante, s'était soumise.

Mais, au bout de quelques pages, ses yeux s'étant voilés un peu, elle adressa à la jeune fille un sourire suppliant et dit, de sa voix d'or, comme une prière : « Oh ! mais... c'est que cela me fatigue bien... »

Cette toute petite phrase, prononcée sur ce ton par une reine, m'a semblé une chose adorable.

Les hauts sapins, qui nous entouraient de partout, répandaient une demi-obscurité bleuâtre sur les boiseries à ogives de la salle où nous étions. On entendait un bruit d'eau se mêler à la voix de la reine : un ruisseau qui passait près de la maison de chasse, descendant des sommets.

Cependant j'étais assez près de Sa Majesté pour pouvoir un peu suivre sur ses pages qui se retournaient, — et ma surprise fut grande de voir que ce qu'elle lisait en français était écrit en allemand. Il eût été impossible de le deviner, car il n'y avait aucune hésitation dans sa lecture charmante et même ses phrases improvisées étaient toujours harmonieuses.

Une seule fois elle s'arrêta pour un mot qui ne venait pas, — un nom de plante dont elle ne se rappelait plus l'équivalent français. « Oh !... » dit-elle, en promenant son regard sur le plafond, — et elle se mit à faire un petit battement impatient du pied, comme quelqu'un qui cherche. Puis, tout à coup, secouant le bras de la jeune fille assise près d'elle : « Voyons, qu'est-ce que vous attendez pour me trouver ce nom-là, vous... petite bûche ! »

Il fallait sa voix et son charme pour faire de cette phrase très familière, qui eût semblé triviale dans la bouche d'un autre, quelque chose de souverainement distingué et de souverainement doux ; — quelque chose de tellement inattendu et de tellement drôle que nous nous mîmes tous à rire... Et pourtant c'était à un moment de cette lecture où des larmes nous montaient aux yeux, à nous qui écoutions si recueillis. — Carmen Sylva lisant elle-même ses propres œuvres est la seule personne qui, avec une fiction, m'ait jamais ému jusqu'à me faire pleurer, et c'est peut-être le plus grand éloge que je puisse faire de son talent, car même au théâtre, où tant d'hommes s'attendrissent, cela ne m'arrive jamais.

Je l'ai entendue une fois accomplir le même tour de force de traduction avec la langue roumaine. Elle lisait une vieille ballade des montagnes et, à livre ouvert, la transposait en un français rythmé qui paraissait être de la poésie. Il semble, que pour elle, une langue ou une autre soit un moyen à peu près indifférent de rendre sa pensée. Elle est en cela comme ces musiciens consommés qui jouent un morceau dans un ton ou dans un autre avec la même aisance et la même intensité de sentiment...

. . . .
. . . .

En terminant là ces notes rapides, j'ai l'impression de n'avoir rien dit de ce que j'aurais désiré dire. Je voulais parler de Sa Majesté la reine Élisabeth de Roumanie, — et je me suis borné à tourner autour de mon sujet trop profond. J'ai décrit le cadre, — plutôt que la figure à laquelle j'ai à peine osé toucher d'une main légère, dans mon respect extrême et dans ma crainte de ne pas faire assez ressemblant, assez beau.

J'espère que Sa Majesté ne m'en voudrait pas, si ceci tombait par hasard sous ses yeux d'avoir tenté d'esquisser son ombre. Mais pourtant cette phrase de ses *Pensées*, dans laquelle on dirait qu'elle s'est peinte elle-même, m'épouvante un peu : *Il y a des* femmes majestueusement pures, comme les cygnes. Froissez-les, vous verrez leurs plumes se hérisser une seconde, puis elles se détourneront silencieusement pour se réfugier au sein des flots.

L'EXILÉE

L'EXILÉE

Bucarest, avril 1890.

I

... Ce matin-là, en entrant dans les appartements de la reine, j'avais été surpris d'y voir une profusion inaccoutumée de fleurs. Les salons, qui se commandaient par de grandes baies aux draperies relevées, étaient pleins de roses comme des sanctuaires d'idoles indoues les jours d'adoration. Sur tous les sièges, sur les banquettes dorées, les coussins d'Orient, les tables précieuses, des bouquets étaient posés; d'autres apparaissaient suspendus dans des jardinières de roseau que nouaient des rubans aux couleurs du royaume; d'autres se tenaient debout sur des pieds, imitant des couronnes royales tout en boutons de roses d'un jaune d'or.

Au fond sombre des appartements, dans une partie plus élevée qui formait tribune, au milieu de broderies aux nuances rares, se tenait l'idole-martyre, qu'on fêtait ce jour-là encore une fois : la reine, vêtue de blanc comme à son ordinaire, ses cheveux, blancs aussi, encadrant son visage resté jeune, au sourire d'exquise et sereine bonté. Deux demoiselles d'honneur, assises par terre à ses pieds, décachetaient et lui lisaient des télégrammes de félicitation, dont un plateau d'argent était rempli...

— « ... Signé : Humbert Ier », finissait de lire l'une d'elles.

Et l'autre reprenait : « Celui-ci, madame, est de la reine de Suède, qui souhaite à Votre Majesté... »

La reine leva la tête vers moi qui entrais, et, souriante, avec une expression d'une mélancolie sans bornes, me donna l'explication que sans doute mes yeux demandaient :

— C'est ma fête aujourd'hui... Vous ne saviez pas, vous... J'avais défendu à ces petites filles de vous le dire : je reçois déjà bien assez de fleurs, mon Dieu...

Et la fin inexprimée de la phrase signifiait que la souveraine ne se laissait pas leurrer par cette profusion de roses.

Des deux demoiselles d'honneur qui, ce matin-là, entouraient la reine, l'une devait bientôt rentrer dans l'obscurité; l'autre était mademoiselle Hélène *** qui eut plus tard ce malheur — immense pour une jeune fille — de remplir de son nom les journaux d'Europe, à la suite de ses fiançailles éphémères avec le prince héritier.

C'était une petite personne dont le premier aspect passait très inaperçu, mais qui charmait bientôt par son esprit. D'un étincelant enfantillage de surface, avec une âme compliquée en labyrinthe ; un peu grisée de ses succès littéraires et de sa rapide fortune; ambitieuse peut-être, mais si excusable de l'être devenue; capable, du reste, de bons élans de cœur et de charité, surtout pour les petits qui n'entravaient pas son chemin. La reine, attentive d'abord à la rare intelligence de mademoiselle Hélène ***, s'était peu à peu laissé captiver par son grand talent de poète; et puis, mère sans enfant, portant au fond du cœur le deuil éternel de sa propre fille, elle avait fini par aimer maternellement cette fille adoptive, si étonnamment douée.

En l'honneur de la fête de la reine, — la dernière fête qui lui fut souhaitée par son peuple, — il y eut réception intime, au palais, l'après-midi, dans les appartements particuliers.

Vers deux heures, elles arrivèrent toutes, celles que la reine appelait « ses filles », c'est-à-dire ses demoiselles d'honneur d'antan, plus ou moins élevées par elle, puis mariées par ses soins.

Dans ce premier salon, où un grand orgue d'église montait au plafond sombre, la reine les attendait. Elles entraient une à une ou par petits groupes, émergeant de la serre aux palmiers; c'était un éblouissement de les regarder apparaître, brodées et pailletées d'or, car Sa Majesté avait, pour ce jour, prescrit le vieux costume national et s'était, elle-même, vêtue d'un rigide drap d'argent, avec le long voile archaïque.

Parmi les arrivantes, je retrouvais beaucoup de mes commensales un peu oubliées, d'il y avait trois ans, au féerique château de Sinaïa. J'échangeais avec elles des saluts, ou quelques mots de gai revoir.

Mais toutes ces figures d'élégantes frivoles, affolées de la mode du jour, tous ces jolis yeux noirs, curieux, scrutateurs, perfides, détonnaient plus que jamais avec ces costumes anciens. Et puis, je ne sais quoi de déjà ingrat, de déjà haineux, de déjà cruel, était dans leur sourire à la reine, dans leurs révérences de cour, dans leurs baisements de main... Oh! je ne dis pas cela pour toutes, assurément, car il s'en trouvait là de loyales et de fidèles, femmes de mémoire et de cœur, qui se discernaient des autres. Mais la plupart d'entre elles me glacèrent, vues tout à coup sous un jour imprévu...

Et comme elle était changée, leur reine, depuis ces trois ans! Encore si jeune de visage, en ce temps-là, et aujourd'hui, abîmée par quelque inoubliable deuil, par quelque suprême déception, peut-être; amaigrie, vieillie, et le sourire désolé.

Des musiciens tziganes (Laotaris) arrivèrent ensuite, qu'on dissimula dans la serre aux grands palmiers. Sous les feuillages, inondés de soleil factice, qui, vus des salons obscurs, jouaient le jardin oriental, on n'apercevait que leurs têtes fauves, comme des Indiens embusqués dans la jungle, et leur musique en fièvre triste venait à nous très atténuée.

Alors toutes les dangereuses petites poupées pailletées d'or se formèrent en une longue chaîne charmante, pour commencer, par fantaisie d'élégantes modernes, une vieille danse populaire de ce pays appelée : « la hora ».

Elles prièrent la reine de danser aussi, et la reine, pour leur faire plaisir, le voulut bien, avec son inaltérable bonne grâce et toujours sa souriante tristesse. Au milieu de la chaîne arrondie en cercle, elle vint se placer, plus grande que toutes « ses filles » et entièrement blanche, avec son drap d'argent et son voile de mousseline, parmi leurs pailletages et leurs broderies multicolores. Elle semblait une sérieuse et douce figure, échappée d'une fresque byzantine, ayant mis pour la première fois, sous son voile blanc, un bandeau à l'antique très bas sur le front : « N'est-ce pas, avait-elle demandé le matin à ses demoiselles d'honneur, à mon âge, je ne peux plus m'habiller en Roumaine sans le bandeau des vieilles? » Et on ne l'en avait pas dépersuadée, tant ce bandeau lui allait bien... Avec un art et un charme qu'aucune de « ses filles » ne savait atteindre, elle dansa la danse lente et grave, qui semblait une sorte de pas rituel.

Après, elles lui demandèrent de chanter. Et elle chanta, avec sa résignation à leur plaire, elle chanta un vieux lied d'Allemagne, qu'elle me pria de lui accompagner à l'orgue. Toutes les angoisses de son âme passèrent dans sa voix et, après qu'elle eut délicieusement chanté, il me sembla que, dans l'entour, quelques paires de jolis yeux méchants s'étaient adoucis et se mouillaient de larmes...

Le soir, il me fut donné de prendre place pour la dernière fois à la petite table royale.
C'était, au centre des appartements particuliers, dans une haute salle circulaire en marbre rouge, aux lambris de marbre noir, que décoraient des tableaux de sombres maîtres anciens. Un couvert tout simple, sur une table ronde, juste assez grande pour les six personnes qui s'asseyaient autour : le roi, la reine, le prince royal, deux demoiselles d'honneur, et l'hôte que Leurs Majestés avaient bien voulu admettre. N'eût été la splendeur austère du lieu, et le nombre, le silence empressé, la livrée de cour des gens de service, on eût dit le plus intime repas de famille.

Pendant la causerie de ces dîners, le roi se montrait de la plus affable et charmante bienveillance, ne gardant, de son habituelle expression grave qui imposait tant, qu'un pli profond tracé entre ses sourcils noirs. « Ceux qui voient ce pli au front du roi, me disait la reine un jour, avec un accent de tendre vénération, ne soupçonnent pas tout ce qu'il a fallu de pensée, de travail, de lutte et de souffrance pour le creuser ainsi. »

Mais, ni la bienveillante simplicité des souverains, ni les figures jeunes du prince royal et des demoiselles d'honneur, ni même quelquefois leurs rires discrets à propos d'enfantillages, ne parvenaient à dissiper une tristesse spéciale, qui tombait des hauts plafonds.

La rotonde de marbre rouge avait vue, par des portes sans battants, sur de grandes salles peu éclairées, dont la magnificence

portait l'empreinte du goût sévère et affiné
du roi, — entre autres la bibliothèque, au
fond de laquelle était allumé le fanal histo-
rique de la gondole des anciens doges véni-
tiens, — et les deux jeunes filles, rendues
plus nerveuses par la vie un peu séquestrée
du palais, plongeaient de temps en temps
leurs yeux dans ces lointains, avec de
vagues inquiétudes d'apparitions et de fantômes.

Qu'est-ce donc qui causait tout cela ?
C'était peut-être cet isolement de la vie ex-
térieure. C'était peut-être, autour de nous,
cet espace vide, magnifique et obscur, que
gardaient des sentinelles, et ce silence, ce
silence lourd, au milieu d'une des villes du
monde où le roulement des voitures est le
plus fiévreux et le plus continu... Vraiment,
on sentait dans l'air quelque chose de particulier, que les grands dîners de cour étincelants de lumière ne donnent jamais, et

qui était comme le mal des palais, l'oppression de la royauté.

A côté du prince héritier, chaque soir, à la petite table familiale, s'asseyait mademoiselle Hélène***. Et, de ce continuel voisinage, commençait déjà sans doute à naître un sentiment qu'il eût été facile de prévoir. Qu'un prince de vingt-quatre ans, maintenu austèrement à l'écart des plaisirs de son âge, vivant d'une vie de travail intellectuel et de manœuvres militaires, s'éprenne d'une jeune fille gaie, brillante d'esprit et intelligente supérieurement, la seule du reste qu'il lui soit permis de voir dans l'intimité, c'est la chose la plus naturelle du monde. Ce roman, qui s'ébauchait là, et qu'une certaine presse a cherché à défigurer, était donc simple et honnête au premier chef. Et la pensée d'un mariage, si contraire qu'elle fût aux règles établies, devenait la seule qui pût se présenter à un jeune homme élevé, comme le prince royal, dans des idées puritaines et entouré d'irréprochables exemples ; mademoiselle Hélène *** n'étant point d'ailleurs pour exciter les entraînements d'amour qui passent, mais bien plutôt pour fixer peu à peu et retenir, par son intelligence toujours en éveil.

Je devais partir, la nuit suivante, pour Constantinople et je me souviens du serrement de cœur que j'éprouvai en prenant congé de la reine, en quittant ce palais où je pressentais si bien de ne plus jamais revenir.

J'ignorais où était le danger et de quel côté le mauvais vent commencerait à souffler ; mais, de cette dernière journée, de cette fête, m'était resté comme un froid au fond de l'âme. En regardant les petites invitées, au départ, baiser la belle main royale, j'avais entrevu chez celles qui le plus dévotement s'inclinaient, des duretés et des haines, et, chez la souveraine qui leur souriait, une clairvoyance nouvelle, une indulgente mais infinie méfiance.

II

Un an plus tard, la reine, très gravement malade, emmenée d'abord dans le sud de l'Italie, venait d'être transportée à Venise. Il lui fallait, disait-on, l'air marin atténué et la constante humidité des lagunes.

En réalité, l'exil était commencé.

Et c'est là, à Venise, qu'il me fut permis de venir la voir, mais pour la dernière fois...

III

Venise, vendredi 14 août 1891.

Venise, un matin d'août au petit jour naissant.

Mandé par Sa Majesté, j'arrive, de Nice où j'étais, pour passer ici deux rapides journées, tout ce que me permet de liberté le service d'escadre.

On commence à peine à bien voir clair, quand je descends de l'express de Gênes, à cette gare de Venise qui semble une petite île. Les choses sont vagues encore, dans cette demi-lueur cendrée d'avant le soleil, sorte de brume lumineuse, couleur gris de lin, des extrêmes matins d'été.

Au quai de la gare, je monte dans l'une quelconque de ces gondoles noires, fermées en sarcophage flottant, qu'on loue ici comme ailleurs on louerait une voiture.

Nous partons, sur l'eau morte des rues, nous engageant tout de suite dans de vieux quartiers en dédale où nous reprend un reste de nuit, entre de hautes maisons centenaires, lézardées, noirâtres, qui dorment encore. E le silence de ces rues pleines d'eau fait son ger à quelque lugubre ville d'Ys, très an ciennement noyée, mais qu'à présent la mer abandonnerait.

Puis, à un tournant, tout à coup de l'espace et de l'air, où les lueurs d'aube reviennent, et c'est la magique splendeur du Grand Canal, apparaissant avant son réveil, dans une absolue immobilité, dans une uniforme teinte gris perle, avec, çà et là, sur le haut de ses palais, un peu de rose d'aurore...

Mais toute cette merveilleuse Venise, je la

revois ce matin en la regardant à peine ; elle a tout juste la valeur d'un accessoire charmant, d'un cadre un peu idéal, pour la figure doucement triste de la reine, pour la figure de la fée que je suis venu retrouver ici.

Un nouveau tournant, un tournant sombre, nous replonge dans la demi-nuit. Pour la seconde fois, nous nous enfonçons dans les rues étroites, entre les vieilles constructions de marbre qui émergent, toutes noirâtres, de l'eau morne. Toujours le silence matinal et le sommeil. Quand par hasard, un peu dans le lointain, aux abords de quelque carrefour obscur, s'entend un bruit cadencé de rames, mon gondolier pousse un long cri avertisseur, qui se répercute entre les marbres humides des murs, — ces rues sans passants ont des sonorités de caveau ; — quelqu'un d'invisible répond, et bientôt apparaît une autre gondole, aussi noire et fermée que la mienne ; les deux sarcophages se croisent d'après des règles fixes, glissent l'un près de l'autre sans frôlement...

L'esprit de plus en plus ailleurs, à mesure que j'approche, je ne me suis occupé ni de la route ni de la direction suivie; je ne regarde même plus... Et voici que nous allons passer sous ce « Pont des Soupirs », dont le nom est aussi démodé qu'une vieille romance, mais qui demeure une chose très impressionnante, à voir si inopinément reparaître... Et l'espace s'ouvre, large, lumineux et rose, devant nous qui sortons de l'obscurité; c'est la Grande Lagune, c'est brusquement tout, toute la splendeur de Venise : près de nous, le palais des Doges et le lion de Saint-Marc; là-bas, sur l'autre rive, assis au milieu des eaux dorées comme une île féerique, Saint-Georges-Majeur, avec son campanile et son dôme étincelants sous le soleil qui se lève. C'est tout cela, qui est une éternelle et classique merveille, et que chacun connaît pour l'avoir vu peint mille fois partout; c'est tout cela, mais dans un tel éclat d'aurore et d'été, qu'en aucun tableau, je crois, on n'a osé y mettre tant de surprenante couleur, tant de rose, de rouge, d'orangé pour les lumières, tant de violet d'iris pour les ombres.

Nous sommes arrivés, d'ailleurs; nous abordons à l'hôtel Danieli où la reine habite.

Cet hôtel Danieli, où jadis la République de Saint-Marc recevait ses ambassadeurs, est un palais gothique, l'un des plus beaux de Venise, faisant suite à celui des doges et dans le même alignement que lui. Intérieurement il a gardé ses escaliers de marbre, ses parquets de mosaïque et deux ou trois salles aux plafonds somptueux. Mais, en ce temps de démocratie, il est devenu un vulgaire hôtel où tout le monde peut descendre.

Pour la reine et les quelques personnes de sa suite intime qui l'accompagnent encore, on a loué tout le premier étage, où se trouvent les grands vestibules et les anciens salons d'apparat.

Les visages amis qui m'accueillent à l'arrivée ont pris quelque chose d'attristé, d'inquiet, qu'ils n'avaient pas jadis à Bucarest : le secrétaire de la reine, son médecin, une demoiselle d'honneur, mademoiselle Catherine***, — oh ! une sincère et une fidèle, celle-là !... Qu'elle me pardonne de l'avoir à moitié nommée et de saluer ici, en passant, sa discrète et inébranlable adoration pour sa souveraine.

Vers dix heures, on vient m'avertir que la reine peut me recevoir. La salle où l'on me conduit est gardée par de braves vieux serviteurs que je reconnais, pour les avoir vus souvent, à Bucarest, m'ouvrir les portes des appartements de Sa Majesté.

Tout au fond du grand salon dont les portes sont surmontées de couronnes royales, dont le plafond encore magnifique supporte d'immenses lustres en verre de Venise, la reine en robe blanche est étendue dans un fauteuil et me sourit pour la bienvenue avec son exquise bonté... Mais comme son visage est changé, amaigri... Depuis le printemps dernier, il semble qu'il ait vieilli de dix années.

— Elle est si malade, m'a dit ce matin mademoiselle Catherine***, si malade... Et puis elle ne marche plus ; il faut la porter ou la rouler dans son fauteuil, et c'est fini de sa belle taille droite, de sa belle allure de reine.

A ses pieds, assise sur un tabouret en petit enfant câlin, est mademoiselle Hélène***, vêtue d'une robe en drap rose très simple, son œil noir toujours vif et inquisiteur. Il y a dans son attitude comme un semblant d'affectation à jouer à l'enfant

gâtée, à la fille de cette adorable mère, —
et j'ai remarqué autrefois du reste qu'en
l'absence de la galerie, son attitude vis-à-vis
de la reine était toujours plus froide et plus
réservée. — Ceci n'est point pour l'accabler :
si peu de femmes sont capables de se montrer tout à fait elles-mêmes, sans une pose
un peu affectée, sans un calcul d'effet même
inconscient. Je ne mets point en doute
d'ailleurs qu'il n'y ait eu chez elle un attachement sincère pour cette mère adoptive,
et qu'elle n'ait versé de vraies larmes en la
quittant pour jamais.

Autour de la reine, il y a tout le petit
groupe, jusqu'à un certain point fidèle, qui
l'a suivie dans son triste départ et qui cons-
titue ici sa cour : en tout huit ou dix personnes. Et on cause presque gaiement, mais
sans complète confiance... La reine me dit,
en riant, ceci, qui n'est pas loin de devenir
une vérité : « Nous sommes, vous savez, les

exilés de Venise. » Et elle ajoute, avec une nuance plus triste : « Nous sommes même, à ce que d'aucuns prétendent, un petit groupe de malfaiteurs vis-à-vis de l'Europe... »

Il me faut ici indiquer en quelques mots quelle était, à cette date précise, la situation de mademoiselle Hélène*** à la cour de Roumanie. De simple demoiselle d'honneur que je l'avais connue jadis, je la retrouvais maintenant fiancée au prince royal. Il est vrai, les Chambres n'avaient jamais donné leur consentement à ce mariage et le roi venait de retirer le sien. Mais rien n'était rompu cependant, puisque le prince royal, rappelé par sa famille en Allemagne pour être soumis à une sévère retraite dans son château héréditaire, n'avait rendu à mademoiselle Hélène*** ni sa parole, ni ses lettres, ni sa bague de fiançailles. La reine, qui avait tant désiré l'union de ses deux enfants adoptifs et qui, pour avoir poussé à cette mésalliance, s'était attiré la défaveur de tout son peuple, ne désespérait pas encore. Les journaux d'Europe commentaient, la plupart avec malveillance, cette situation étrange. Et mademoiselle Hélène ***, après avoir entrevu le trône, après avoir vécu quatre mois dans ce rêve enchanté, commençait à sentir tout s'effondrer à présent, comme au réveil...

C'était la première fois que la reine m'apparaissait ainsi, hors de son cadre spécial, sortie de ses appartements de là-bas, de Bucarest ou de Sinaïa, — où se justifiait si bien la maxime d'élégance posée, je crois, par E. de Goncourt : « La distinction des choses autour d'une personne donne la mesure de la distinction de cette personne elle-même. »

Ici, par lassitude de tout sans doute, cet immense salon pompeux, qui aurait pu être beau, avait été laissé tel quel, avec ses ornements d'hôtel garni, objets modernes d'un goût atroce, bronzes dorés sous des globes, et, détail tout à fait inattendu, le fauteuil banalement riche, où Sa Majesté se tenait affaissée et languissante, était recouvert d'un petit voile blanc, au crochet.

Seule, la table de travail révélait encore la présence de la reine, était chargée de ces *blocs* allemands où courait si vite sa grande écriture franche et droite, et de tous les chers bibelots à écrire chiffrés de ses initiales, timbrés de sa couronne.

Toujours sa suprême ressource dans les désespérances, ces blocs, dont les pages, fébrilement noircies, se déchirent à mesure. La reine, qui a écrit plus qu'aucun autre auteur de son temps, en a arraché par milliers, de ces feuillets-là, sur lesquels sa plume avait couru, — une de ces plumes dites « sans fin », qui vont indéfiniment sans avoir besoin d'être retrempées dans l'encrier. Des poésies, des pensées, des romans et des drames, toujours conçus dans la fièvre, écrits dans la hâte extrême, dans l'effort épuisant pour étreindre et fixer le plus rapidement possible tout l'inexprimé qui jaillissait à flots de l'imagination. Et de tant d'œuvres inégales, quelques-unes atteignent la sublime grandeur; d'autres restent incomplètes, bousculées qu'elles ont été par le germe naissant de l'œuvre suivante. Aucune n'est assez travaillée, — la reine professant en littérature cette erreur que tout doit être primesautier, écrit dans l'élan initial et puis laissé tel quel, au mépris de ce travail si indispensable qui consiste à serrer de plus en plus sa propre pensée et à la clarifier pour le lecteur, autant qu'on le peut. L'œuvre si considérable de Carmen

Sylva, dont fort peu de fragments ont paru en français et dont la plus grande partie demeurera à jamais inédite et perdue, aurait eu besoin de passer par la main d'un consciencieux élagueur ; ainsi émondée, cette œuvre géniale aurait conquis le rang qu'elle mérite... Oh! je ne veux pas dire que telle qu'elle est, elle ne soit pas charmante, cette œuvre de la reine; elle a les hautes envolées qui sont interdites à tant d'habiles faiseurs de livres; d'ailleurs, jusque dans ses parties les plus faibles, la grande âme noble, vibrante et apitoyée, se devine, — et, pour ceux qui sentent et qui pleurent, cela suffit — sinon pour la foule des mandarins de lettres. On s'étonne même que cette femme, née princesse et couronnée reine depuis vingt ans, ait pu sonder ainsi toutes les douleurs humaines, comprendre à fond les humbles détresses des petits et des pauvres.

Et comme on la sent partout maternelle

et déchirée jusqu'au fond de son cœur de mère, ayant la bonté infinie des mères de douleur.

On la sent indulgente aussi pour toutes les fautes, indulgente de l'indulgence sereine des âmes sans tache; exempte de la pruderie des impures, considérant tout avec une rare largeur de vue et de pardon. Et c'est là du reste ce qui, en Allemagne, dans certains milieux étroits et pharisaïques, lui a fait d'implacables ennemis, de quelques-uns de ceux qui auraient dû la défendre et la chérir.

Je crois que c'est à ce surmenage intellectuel, à cette pensée toujours en fièvre de sentir la plume trop lente à l'écrire, qu'est due, plus encore qu'aux chagrins, la maladie qui la tient aujourd'hui affaissée sur ce fauteuil. A Bucarest et à Sinaïa, je me rappelle comment était organisée sa vie; de l'aile du palais où j'habitais, je pouvais chaque nuit voir briller là-bas, à la fenêtre d'une tour éloignée, sa lampe de travail, qui s'allumait dès trois ou quatre heures du matin ; dans le silence et la paix fraîche d'avant-jour, elle travaillait là, jusqu'au moment où recommençait la vie des autres et où « ses filles » venaient ensemble lui faire le gai salut matinal; ensuite, sans fatigue apparente, elle reprenait sa journée de reine, qui, jusqu'à onze heures du soir, était faite de représentation obligée, de charité inépuisable, de lourds devoirs et de continuels sourires.

Sur cette table du salon d'exil, il y a un manuscrit qu'involontairement je regarde, et la reine, qui a suivi mes yeux, me dit de sa voix musicale, aux inflexions délicieusement étrangères :

— C'est mon nouveau livre, auquel je travaille tant ! Savez-vous que j'ai peur de ne pas le finir, et que jamais il ne puisse voir le jour. Je l'appelle le *Livre de l'Ame*. Je vous en lirai des passages, si vous voulez.

C'est un plaisir rare que d'entendre lire la reine. Rien que le son de sa voix, d'ailleurs, berce et apaise comme le chant d'une fée.

— Oh ! mais pas ici, reprit-elle, me voyant empressé d'accepter et d'écouter; non, cet après-midi, en gondole. Car vous savez, je passe mes journées sur l'eau, cela fait partie de mon traitement de pauvre malade. Pour me tenir compagnie, vous allez être obligé de faire comme moi, de vivre errant sur les lagunes pendant tout votre séjour à Venise.

Le *Livre de l'Ame!* Sur la table de la souveraine, je regardais le manuscrit inachevé, pressentant, rien que d'après le titre, ce qu'il devait être : sorte de chant du cygne chef-d'œuvre de douleur, qui n'aura jamais été entendu que par un tout petit nombre d'intimes et dont les feuillets ont peut-être été déjà détruits...

Et la reine ajouta, avec un sourire résigné, la voix adoucie d'un immense pardon pour tous ses ennemis :

— Maintenant, il faut que je vous prévienne de vous méfier : c'est le livre d'une folle ! Car vous savez que ma tête, à ce qu'il paraît...

Et, de sa belle main, amaigrie jusqu'à la transparence, elle décrivit deux ou trois cercles, dans l'air, devant ses yeux, pour indiquer, en riant tout à fait maintenant, que sa tête était accusée de tourner beaucoup...

En effet, tout un parti cherchait alors à insinuer que Sa Majesté avait perdu la raison. Cela s'était répété, à travers l'Europe, en des journaux plus ou moins salariés. C'était même une des moins pitoyables choses colportées en ce temps-là par une certaine presse, sur le compte de la souveraine qu'il fallait à tout prix accabler.

On vint avertir que le déjeuner était servi, et alors je vis pour la première fois cette chose pénible, qui maintenant se passait chaque jour : deux domestiques, chargés de ce service spécial, se présentèrent pour enlever, dans son fauteuil, la reine qui ne marchait plus.

— Oh! merci, mais attendez, je vous prie, leur dit-elle, avec une politesse si douce que je songeai à cette phrase écrite dans ses pensées : *La vraie grande dame a les mêmes manières avec ses serviteurs qu'avec ses hôtes...* Attendez, je suis mieux ce matin et je veux essayer de m'en aller seule.

Avec lenteur d'abord, elle se mit debout, droite et grande, ce qu'elle n'avait plus fait depuis des mois, et nous regarda tous, en souriant d'un clair sourire qui disait :

— Vous voyez que c'est vrai, je suis bien mieux.

Et puis, délibérément elle partit, cambrant comme jadis sa belle taille noble, et, tout surpris, nous suivîmes le sillage de sa traîne blanche.

A ce moment, dans les yeux de mademoiselle Catherine *** qui marchait à côté de moi, je me rappelle l'expression qui passa, toute de bonne joie, d'affectueuse espérance :

— Oh ! disait-elle, mais c'est incroyable, ce matin, notre reine !

Pourtant cette joie ne devait pas durer, hélas ! Et c'est d'ailleurs un des caractères de cette maladie, d'avoir ainsi des accalmies trompeuses.

Dans la salle à manger, la reine ne se mit point à table, mais resta étendue. Sa place était sur un de ces canapés Empire dont les bras dorés représentent des cygnes ; elle

recevait là, des mains de mademoiselle
Hélène *** qui la servait avec une respectueuse sollicitude, des mets spéciaux, en
très petite quantité et dans de toutes petites
tasses, comme pour une poupée.

IV

Aussitôt le déjeuner, on partit en gondole, pour la longue promenade sans but, tranquille et berçante de chaque jour. Par le vieil escalier de marbre, les deux mêmes domestiques qui s'étaient présentés ce matin descendirent la reine sur leurs mains réunies en chaise et la portèrent dans la gondole, qui attendait au seuil de l'hôtel. Pour regarder ce triste cortège, des gens étaient là, comme il s'en attroupe toujours pour voir passer les reines, une dizaine de touristes quelconques, et ils saluaient en silence.

Une gondole noire, d'un noir de deuil,

comme sont restées, depuis les lois somptuaires, toutes les gondoles de Venise ; sur les bords, les deux traditionnels chevaux marins, en cuivre brillant, et, à l'arrière, le grand dais noir, à rideaux noirs ; les gondoliers, dans cette tenue qui sent l'opéra-comique mais qui est d'uniforme ici pour tous les équipages de maîtres : chemise et pantalon blanc, avec ceinture de soie bleue, très longue et flottante.

Sans leur indiquer de route à suivre, on ne leur commanda que d'aller lentement, et nous partîmes au hasard, à leur caprice.

Bientôt nous fûmes perdus dans de vieux quartiers morts, dans le silence, dans l'ombre de maisons fermées et mystérieuses qui nous surplombaient de très haut ; le long de ces rues noyées, nous avancions par petites saccades, à peine perceptibles, sans bruit, sur l'eau stagnante, lourde et muette.

La reine, toute blanche de costume et de chevelure, étendue avec sa grâce souveraine, à l'ombre de ce dais noir, entre ses deux demoiselles d'honneur, était exquise et un peu angoissante à regarder. D'ailleurs, tout ce qui n'était pas elle nous semblait secondaire, n'était que cadre et décor ; avec ce pressentiment que bientôt elle serait perdue pour nous, c'est d'elle seule que nous nous occupions, des pensées qu'elle exprimait, ou même des plus simples petites choses qu'il lui venait à l'esprit de dire et auxquelles le son de sa voix donnait une suavité à part. Et, de temps à autre, passait quelque vieux palais vénitien que nous regardions quand même ; ou, au détour d'une de ces rues inondées et pleines d'ombre, quelque merveilleuse échappée lointaine, très vite refermée : des dômes, des campaniles, du soleil, de l'or, tout de suite disparus.

La reine vraiment redevenait presque

gaie, ayant du reste ce principe qu'il faut toujours sourire, comme les dieux. « Une certaine gaieté de dehors, me disait-elle un jour, est une chose de convenance comme la toilette ; on doit cela à son prochain et à soi-même, comme on doit de s'arranger pour être le moins possible désagréable à voir. » Entre les rideaux noirs du dais, elle regardait aussi et semblait s'intéresser aux choses imprévues de la lente promenade.

Maintenant nous traversions un quartier populeux et pauvre, aux rues tout étroites, éclairées comme des fonds de puits. Et c'était l'heure de la baignade, il paraît, pour les petits enfants. Les parents, aux fenêtres, les surveillaient tandis qu'ils se trempaient tous, au seuil des portes, dans l'eau immobile de la rue. Et il y en avait de si comiques, de ces très petits en maillot de bain, que le franc rire de la reine reparut tout à coup, découvrant ses incomparables dents d'un blanc de porcelaine...

Et puis des silences revenaient, un peu accablés, sous les préoccupations de l'avenir obscur.

Distraitement, et peut-être aussi avec une imperceptible nuance d'ironie, la reine demanda à mademoiselle Hélène *** :

— Ah ! et les journaux ? Qui les a vus aujourd'hui ; y a-t-il encore quelque chose de nouveau nous concernant ?

— Oui, marraine... Oh ! moi qui oubliais d'informer Votre Majesté... Dans ceux de France, une si grave nouvelle !...

Et, après une pause qui nous rendit plus attentifs, elle reprit avec sérieux : « Il paraît que je me suis suicidée une troisième fois ! »

C'était si imprévu et dit d'une si irrésistible manière, que la reine éclata de rire, et aussi nous tous.

— Oui, continua la jeune fille, du même ton d'imperturbable et un peu farouche moquerie, avec du laudanum ! J'en ai bu, paraît-il, une quantité considérable ; mais Votre Majesté, prévenue à temps, a réussi, par ses soins, à me rappeler à la vie.

A cette époque, en effet, les journaux annonçaient quotidiennement, avec de grands frais de détails, le suicide de mademoiselle Hélène *** ; cela jetait, pour elle-même qui était moqueusement spirituelle, une pointe de comique tout à fait inattendu sur les angoisses de la situation. Et je me souviens de ce qu'elle me dit à ce propos, fière et grave cette fois : « Jamais !... comme une femme de chambre, n'est-ce pas ?... Cela arrangerait bien des choses, j'en conviens ; mais il est trop vulgaire pour moi, ce dénouement-là. » Et elle donnait à entendre que, plus dignement, elle saurait rentrer dans l'ombre, ce qui du reste a eu lieu depuis.

A Venise, elle se sentait soutenue encore par tout le bruit qui se faisait en Europe autour de son nom; elle était trop femme et trop jeune pour ne pas subir la griserie de cette romanesque aventure dont elle se trouvait être l'héroïne. La presse, il est vrai, avait converti l'histoire de cet amour, si honnête, si naturel et presque inévitable, en quelque chose de dramatique et d'étrange. Mais c'est égal, passer pour une charmeuse, même un peu perverse et fatale, amusait encore, par certains côtés, l'imagination de mademoiselle Hélène ***, lui semblait dans tous les cas moins froidement lugubre que le silence de tombeau qui devait ensuite se faire sur elle, disparue de la cour et en défaveur pour jamais...

Vraiment notre promenade n'était plus triste, le beau soir aidant, avec la magnificence du soleil d'août et tout l'or du couchant répandu sur Venise. Les gens qui, de l'ombre de leur fenêtre, regardaient passer cette belle gondole et se penchaient pour entrevoir entre les rideaux du dais, la princesse blanche que l'on promenait en cet équipage, pouvaient bien entendre, de temps à autre, le bruit d'une causerie gaie.

La reine d'ailleurs me paraissait avoir, depuis un an, parcouru plus de chemin encore vers le détachement suprême, qui donne la haute sérénité et le sourire des dieux.

Au crépuscule, nous étions très loin, dans un faubourg solitaire, séparé de Venise par une large lagune. Le silence, la vieillesse des maisons et des quais, les étendues d'eau morte autour de nous, subitement nous attristaient avec l'abaissement de la lumière. Une boutique d'antiquités étranges, ferrailles et verroteries vénitiennes très poussiéreuses, attira notre attention au passage; nous demandâmes à la reine la permission d'aborder ce quai désert et d'aller voir là dedans les choses bizarres qui se vendaient.

Petites aiguières étonnamment sveltes, petits coffrets ornés de cygnes et de dauphins, nous découvrîmes là, en furetant dans cette poussière, quantité d'objets singuliers, que nous achetions à mesure — très vite, pour ne pas trop faire attendre la souveraine, — nous amusant à les tirer au sort, quand, par hasard s'élevait quelque conflit entre nous. Et mademoiselle Hélène ***, vraiment enfant alors, sans affectation visible, accourait, à chaque acquisition nouvelle, montrer sa trouvaille à la reine, et la déposer dans la gondole, dans les plis de la robe blanche; tandis que Sa Majesté, que nous avions, contre toute étiquette, laissée seule, souriait d'un joli sourire très maternel et très jeune, à ce manège de petite fille.

La nuit était presque tombée quand nous revînmes à l'hôtel Danieli. Dans la belle pénombre d'été, qui gardait comme un reflet de l'or du soir, la lune allumait son feu pâle, les palais et les gondoles, leurs feux rouges, et toutes ces lumières commençaient à doucement danser sur l'eau calme et lourde, que ridaient seulement les avirons des gondoliers; sur l'eau où se réfléchissaient, en découpures nettes, les palais, les dômes, les campaniles, donnant partout une autre Venise, fantastique et tremblotante, qui apparaissait la tête en bas.

Nous devions repartir, aussitôt après le dîner, pour une de ces promenades en musique qu'on appelle à Venise des sérénades.

La reine, qui ne mangeait pas, qu'on soutenait avec je ne sais quelles préparations médicales, voulut rester dans sa gondole, étendue; pria seulement qu'on fît pousser l'embarcation au large, pour plus de tranquillité, et nous assura de son désir d'être seule, afin de nous obliger à monter tous dîner dans la salle à manger de l'hôtel.

Nous revînmes en hâte. Notre musique, pendant ce temps-là, était arrivée : une large gondole, éclairée d'une profusion de lanternes, et où se tenait un double quatuor de cordes, un chœur et deux solistes, contralto et ténor.

La gondole illuminée se mit en marche dès que nous fûmes assis dans celle de la reine, et nous la suivîmes. Le dais noir avait été enlevé, et on pouvait, aux confuses clartés, apercevoir la fée blanche étendue sur ses coussins.

Nous recommençâmes, dans le sillage de cette musique, une lente promenade errante comme celle du jour, tantôt naviguant par les rues larges, au milieu des belles transparences nocturnes et des rayons lunaires, tantôt traversant, en pleine et épaisse obscurité, quelque vieux quartier lugubre. Et une quantité d'autres gondoles, de promeneurs, de touristes, de gens quelconques, suivaient aussi; à chaque carrefour, à chaque tournant de lagune, s'augmentait notre cortège flottant, et tous ces inconnus silencieux, qui glissaient derrière nous, écoutaient la sérénade.

Elle vibrait, facile, langoureuse, la musique d'Italie; par instants elle montait en *crescendo* prévus, dans les tranquillités sonores de la nuit, et se répercutait entre les murs de marbre des palais; ou bien diminuait et semblait mourir peu à peu de sa propre langueur. Les voix étaient vibrantes et fraîches, conduites avec cette habileté qui est innée, dans ce pays, même chez les moindres chanteurs.

La musique des peuples est faite pour être entendue dans son lieu d'éclosion, dans son cadre naturel de sonorités, de senteurs

5.

et de ciel. Même cette musique italienne qui, d'une façon absolue, est inférieure, peut devenir profonde et charmeuse d'âmes, ainsi entendue la nuit, ainsi vous arrivant, avec des imprévus de distances et d'échos, d'une gondole qui fuit, qui fuit toujours, et que l'on suit, étendu, d'une allure berçante et inégale, tantôt de près, tantôt de loin, — au milieu des splendeurs de Venise sous la lune et les étoiles d'été.

— « Cela fait partie de mon traitement, disait en souriant la reine toute blanche. Je me soigne au grand air et aux chansons. Vous savez l'influence bienfaisante de la musique sur... (et elle désigna du doigt son front). Dans l'antiquité, rappelez-vous le roi Saül... » Mais son ironie, tempérée par le son de sa voix, n'arrivait jamais à être amère.

Nous étions maintenant un long cortège de plus de cent gondoles, une foule pressée qui frôlait, en passant dans les rues trop

étroites, les pierres ou les marbres des murs,
Et, près de nous, dans des barques obstinément maintenues à côté de la nôtre, je me souviens de quelques belles jeunes femmes, très parées, vénitiennes ou étrangères, en mantille de dentelle, que la lueur des fanaux permettait de vaguement voir à demi couchées sur des coussins. Du reste, on avait reconnu la reine; son nom s'était répété de proche en proche, et la foule, sympathique à cette malade charmante, gardait une attitude discrète.

Des gens se mettaient aux fenêtres, pour regarder passer au-dessous d'eux la sérénade aux lanternes, et ils applaudissaient. Violons et violoncelles se mêlaient plus mystérieusement aux voix humaines, pendant cette fuite à travers l'obscurité sonore...

Sous le pont du Rialto, il est de tradition que les sérénades s'arrêtent. Là, plus étrangement qu'ailleurs entre l'eau stagnante et la voûte de pierre, les sons vibrent en s'exagérant. Nous y fîmes une station très longue. Il y eut un duo triste, accompagné de chœur, qui prit peu à peu une allure d'incantation, dans ce lieu et dans cette nuit.

De retour à l'hôtel Danieli, quand nous eûmes pris congé de la reine et baisé sa belle main, il était onze heures à peine.

Par les fenêtres découpées du vieux palais, on voyait la lagune resplendir sous la lueur lunaire. Pas un souffle, dans cette nuit d'août tiède et pleine d'éblouissements. Là-bas, en face, au delà des nappes réfléchissantes, il y avait deux Saint-Georges-Majeur, l'un d'un gris lumineux qui montait dans l'air, l'autre plus noir, et renversé, qui descendait profondément. En haut, à la grande voûte bleuâtre, et en bas, dans les abîmes imaginaires, scintillaient des étoiles symétriques et pareilles. Et les silencieuses gondoles, dédoublées aussi par leur milieu, ayant deux arrières et deux proues, semblables à des découpures noires qui viennent d'être dépliées, passaient, avec leurs fanaux rouges, entre les deux ciels, ayant l'air de se promener dans le vide, en traînant des plis moirés à leur suite, comme de longues queues.

Alors, pour la première fois depuis mon arrivée, je pris conscience d'être, non plus en une Venise de rêve, comme celle aperçue entre les rideaux du dais où s'abritait la reine, mais dans la Venise réelle, qui vaut par elle seule qu'on vienne et qu'on admire. Et, pour ne pas perdre une nuit si belle, je redescendis sur le quai, louer la première gondole venue, prendre ensuite le large, vers Saint-Georges, vers l'autre rive.

Nous avancions lentement, n'ayant pas de but, éblouis par toute cette lueur de lune, que reflétait l'eau miroitante. Et peu à peu, à mesure que nous nous éloignions du bord, la ligne des palais se dessinait mieux, s'étendait, se déployait, exquise, de contours spéciaux et rares.

Ainsi enveloppée de nuit et de rayons de lune, Venise, la classique Venise, restée pareille à elle-même dans ses grands traits, redevenait la ville unique et incomparable, apparaissait merveilleuse comme aux siècles passés.

IV

Samedi 15 août 1891.

Splendeur de ciel et de soleil. Les cloches de Venise sonnant à toute volée pour l'Assomption de la Vierge.

La reine, ce matin, plus triste, plus abîmée, plus vaincue...

D'abord, c'était fini du mieux trompeur d'hier; elle n'avait plus la force de redresser sa belle taille, et, pour passer d'un salon à un autre, il lui fallait les deux sinistres porteurs.

Une « exécution », qui venait d'avoir lieu, lui avait fait mal. Une inquiétante femme de chambre, au visage traître, que les demoiselles d'honneur avaient surnommée depuis longtemps Marino Falieri, venait d'être renvoyée en Allemagne, convaincue d'avoir soustrait et recopié, au profit d'on ne sait quels mystérieux ennemis, des lettres de la reine et des feuillets de son journal intime... Oh! pour qui a connu cette reine idéale, il est d'avance certain que ces pages ne pouvaient rien contenir qui, lu devant le monde entier, fût capable d'éveiller un doute sur sa droiture, ni sur sa haute pureté; mais, çà et là, des choses politiques dangereuses, des révélations inutiles et, pour les uns ou les autres, des vérités cruelles. Ce qui surtout épouvantait la reine, c'était de se sentir plus que jamais entourée d'ennemis anonymes, qui se tenaient tout près, dans une zone d'ombre, et pour lesquels tous les moyens étaient bons, même d'aussi lâches que celui-là.

Et puis, d'Allemagne, un courrier encore

venait de passer, sans apporter de lettre du prince royal. Un jour de plus, et sa réponse si attendue n'arrivait pas! La reine qui, dans sa loyauté un peu intolérante, se révoltait, lui avait écrit depuis bien des jours, l'adjurant de dire si, oui ou non, il retirait sa parole de fiancé, et, dans ce premier cas, de rendre à mademoiselle Hélène *** ses lettres, et la bague si solennellement acceptée. Le mariage, de fait, semblait rompu, mais le prince n'avait rien dit; les jours, les semaines passaient, et il ne répondait point.

A première vue, on est tenté de le trouver coupable. Et cependant, avant de le juger d'après la loi commune, il faut songer à la raison d'État; il faut se dire aussi qu'il était très jeune, qu'il souffrait peut-être, qu'on ignore absolument les luttes qui pouvaient se livrer en lui et les pressions qu'il pouvait subir.

De même qu'il faut, avant de jeter un

blâme sur l'ambition de mademoiselle Hélène ***, se demander quelle jeune fille au monde, ainsi aimée par un prince charmant, héritier d'un trône, ne mettrait pas tout en œuvre pour mener à bonne fin un tel mariage.

A l'ardent soleil de onze heures, la reine ayant demandé d'être reportée dans sa chambre et laissée seule un long moment pour essayer du sommeil, nous sortîmes à pied dans Venise, prenant par les quais et les arcades du palais des Doges, puis par les grandes places pavées, par tous les passages où il est possible, ici, de marcher comme en une ville ordinaire, — les deux demoiselles d'honneur de la reine, son secrétaire et moi, — nous hâtant pour faire des courses, des acquisitions d'objets, et revenir avant le réveil de Sa Majesté, sans avoir perdu un moment de sa précieuse présence.

Pour nous, c'était une de ces heures de détente et de réaction gaie, presque d'enfantillage, comme de temps en temps il en passe, aux jours les plus inquiets de la vie : sorte d'école buissonnière que nous courions là, dans une ville, du reste, où nos figures étaient suffisamment inconnues, et notre innocente liberté tout à fait complète. Tous les marchands de la place Saint-Marc avaient déployé leurs tentes blanches; un soleil d'Afrique éclairait notre promenade empressée, dardait sur les innombrables étalages de verreries, sur les boutiques des bijoutiers toutes rouges de corail, étincelait partout sur la cathédrale et les palais, chauffait, brûlait cet amas de mosaïques et de statues qui est Venise.

Quelques passants toutefois se retournaient, ayant à peu près reconnu mademoiselle Hélène ***, l'héroïne romanesque du jour. Et elle, l'âme endormie, ce matin-là, ou plus soigneusement dissimulée paraissait s'amuser de tout en chemin comme une petite fille. Il nous arriva même, au souvenir de la nouvelle annoncée par les journaux d'hier, d'imaginer un suicide à quatre, avec d'horribles détails, là, au milieu de cette place Saint-Marc, — dénouement dont la presse à coup sûr eût été ahurie.

Un peu reposée, la reine, au réveil, reçut une lettre du roi annonçant que bientôt allaient finir les travaux politiques qui le retenaient en Orient, et qu'il pourrait venir dans peu de jours à Venise. Elle semblait réconfortée un peu par cette idée de le revoir.

Au dîner de midi, elle exigea de nous, comme d'enfants qui reviennent de la récréation, le détail de nos courses, achats, étouffements de soleil et même projets de suicide, écoutant tout avec un sourire indulgent, presque amusé. Et dans ses yeux repassaient encore, par instants, des expressions rieuses d'autrefois.

Aux temps plus heureux, c'était un des indices et un des charmes de sa nature profonde, ces furtifs abandons de gaieté et même de fou rire, à propos toujours des plus incohérentes, insaisissables et enfantines petites choses. Du reste, les natures impassiblement correctes, auxquelles ce genre de rire et d'enfantillage est inconnu, sont presque toujours sèches et bornées, ou tout au moins banales et de très ordinaire envergure.

Puis, nous repartîmes pour la quotidienne promenade en gondole. La reine, sur ma prière, avait bien voulu emporter le manuscrit du *Livre de l'âme* pour nous en lire des passages pendant la route.

— « Plus tard, disait-elle ; ce soir, quand nous serons dans un endroit écarté, un peu loin et au large. Je suis si fatiguée... » Et son sourire, maintenant très résigné, très doucement triste, semblait demander grâce, pour tout, même pour les choses de l'esprit qui autrefois la charmaient.

D'abord nous ne parlions pas, respectant cet accablement de la reine.

Mais peu à peu, sous l'effort de sa volonté, la vie reparut dans ses yeux et dans sa voix, — tandis que nous glissions toujours, de la même allure cadencée, dans de vieux quartiers si tristes, aux fenêtres bardées de fer. Sa conversation, intermittente au début, faite de courtes phrases épuisées, s'anima par degrés, reprit son intensité habituelle et nous en vînmes, par je ne sais quel enchaînement léger, à causer des religions indoues, du Bouddhisme et de son Nirvanâ.

Alors une discussion s'engagea, entre Sa Majesté et moi, sur des questions de survivance d'âme et d'éternel revoir. Oh! la réalité de ces choses, hélas, nous ne la discutions pas!... mais seulement les formes plus ou moins consolantes sous lesquelles les livres, qui se disent révélés, les ont présentées aux hommes. Et je soutenais, par attachement de cœur, par douce tradition d'enfance, l'ineffable leurre chrétien, conaincu, alors comme maintenant, comme toujours, que jamais plus radieux mirage ne viendra enchanter les heures de souffrance et de mort. Et je ne sais quel malentendu s'éleva, quand pourtant nous étions au fond, du même avis. La petite cour intime, là dans la gondole, surenchérissant sur les paroles de la reine, avait l'air d'insinuer que, dans ce *Livre de l'âme* qui me serait lu tout à l'heure, des choses étaient contenues qui surpassaient en consolation le christianisme.

La reine, l'esprit distrait sans doute, les laissait soutenir leur proposition audacieuse et parler presque dédaigneusement de cette foi qui, pendant des siècles, a donné aux mourants la paix souriante : eux, les initiés, les instruits par ce *Livre de l'âme*, avaient autre chose de plus apaisant et de supérieur, qui leur faisait prendre en pitié l'Évangile. Cela me semblait d'une puérile vanité, comme un blasphème d'enfant; la reine, tout à coup, m'apparaissait amoindrie par l'orgueil de son livre, et cette déception inattendue sur elle m'était péniblement triste... Alors, je me mis à défendre le christianisme avec une violence subite, comme si on m'eût outragé moi-même.

Un silence retomba, embarrassé, désenchanté. La gondole glissait toujours, à travers les quartiers vieux de Venise, sur une eau stagnante entre des ruines. Comme hier, c'était l'heure du bain ; des petites filles, de temps en temps, sortaient des maisons, s'amusaient à nous suivre à la nage, et, tout près de nous, on voyait émerger de l'eau leurs têtes rieuses, comme des petites sirènes.

V

Maintenant nous étions loin, sur une vaste lagune, isolés de tout. Venise s'était beaucoup abaissée, là-bas, sur son tranquille miroir. Les dômes et les campaniles avaient, dans cet éloignement, repris leurs proportions vraies; ils surgissaient très grands, au-dessus des maisons en groupe confus.

Les demoiselles d'honneur déclarèrent que le lieu était choisi pour s'arrêter et pour ouvrir ce *Livre de l'âme*, qu'on avait apporté aussi religieusement que les Tables de la Loi, mais dont je redoutais la lecture à présent comme d'une chose vaniteuse et folle.

Cependant la reine qui, seule de nous, avait gardé son sourire avec sa sérénité de grande dame, répondit que c'était trop tôt et que d'abord il fallait faire bourgeoisement notre goûter, comme de braves gens en partie de plaisir. Sur un signe de sa main, les deux gondoles qui nous suivaient, portant le reste de la petite cour, accostèrent, l'une à droite, l'autre à gauche, la gondole royale, et Sa Majesté, ouvrant elle-même un panier où ce goûter était contenu, commença à nous distribuer nos parts, s'amusant à nous traiter en tout petits. Ensuite vint le tour des gondoliers, qu'elle servit elle-même, de ses belles mains presque diaphanes. C'étaient des pains, des gâteaux, et de ces beaux fruits d'Italie, raisins et pêches, tout dorés de soleil.

Ici je me rappelle un incident, infime, mais qui suffirait à lui seul pour donner, sur le caractère de la reine, une indication absolue. Elle avait, sur ses genoux, sur sa robe blanche, jeté un petit manteau à plusieurs collets superposés, en drap gris presque blanc. Une pêche trop mûre tomba dessus, s'écrasant un peu : « Oh ! dit-elle, moitié sérieuse, voyez quel malheur m'est arrivé ! Justement, je l'aimais tant, ce petit manteau ! » Quand je le lui rendis, après l'avoir secoué au-dessus de la mer, je lui fis remarquer que la tache laissée par cette pêche ne serait presque rien, et que d'ailleurs on ne la verrait pas du tout, puisqu'elle se trouvait précisément à l'envers d'un des collets :

— « Oh ! qu'on ne la voie pas, cela m'est égal. Mais moi, *je saurai qu'elle y est;* alors, c'est fini, vous comprenez bien... »

Toute sa loyauté est dans cette réponse, et aussi toute sa pureté d'hermine.

Le soleil d'été flambait rouge et très bas

quand la reine commença la lecture promise du *livre de l'âme*. Sur Venise éloignée, des teintes de cuivre et d'or se répandaient déjà. Nos trois gondoles, au repos, se tenaient réunies sur la lagune large où aucune autre barque ne passait.

Avant de commencer, la reine me jeta un regard de reproche, à la fois très bon, un peu malicieux, et parfaitement sûr de lui-même.

Puis sa voix, incomparablement charmeuse, se mit à vibrer lentement. Elle lisait, comme toujours, d'une façon à part, qui berçait et apaisait comme une sereine musique d'église. Volontiers, on se serait laissé aller à n'écouter que la voix ; on y eût trouvé plaisir, même si le livre eût été décevant à comprendre. Mais j'avais l'esprit tendu un peu anxieusement au sens des moindres paroles...

. . . .

Oh! qu'il était beau, ce livre, et différent de ce que j'avais redouté qu'il fût. Non, rien de dogmatique, ni de subversif, ni de présomptueux. L'âme humaine, pénétrée, fouillée d'une façon nouvelle et inconnue ; mais, partout, une grande humilité dans la souffrance. De courts chapitres, dont chacun développait une pensée rare et profonde, avec une poésie grandement simple comme celle de la Bible ; de temps à autre, des choses d'abîme, chantées en une sorte de langue d'Apocalypse. Toute la consolation, qui s'exhalait de cette plainte infinie, était dans la résignation douce qu'on y sentait mêlée, et aussi dans la pitié pour les plus humbles frères. Il était, ce livre, une forme **nouvelle et suprême** de prière, l'appel angoissé de toute une humanité vers un Dieu ; mais il n'avait l'orgueil de rien détruire, ni de rien constituer, de rien promettre.

Et songer que ce livre, presque constamment génial, où elle avait mis le plus vivant de sa grande âme, est sans doute perdu aujourd'hui, déchiré, brûlé ; que les hommes ne le liront jamais !...

De temps à autre, la reine s'arrêtait. « Oh! je suis si fatiguée, disait-elle, si fatiguée... » et sa voix, un moment, semblait mourir. Oui, fatiguée, épuisée de souffrir par les autres : cela se voyait plus que jamais, à sa figure incolore, blanche comme ses cheveux et comme sa robe.

Ensuite, la musique de la voix reprenait encore, dans une envolée nouvelle, chantant les choses mystérieuses de l'âme... Et je me souviens de ma surprise quand, à un moment, mes yeux tombèrent sur les gondoliers : immobiles, penchés du côté de la reine, — ne pouvant saisir que le charme du son et du rythme, — ils écoutaient tout de même, captivés, ayant l'impression de quelque chose de religieux et de supérieur.

La lumière baissait toujours. Le large soleil rouge venait de s'abîmer derrière un coin de Venise. C'était le crépuscule.

Dans une mince pirogue, deux bizarres petites femmes s'étaient approchées de nous, frêles et laides, de je ne sais quel monde, de je ne sais quel âge, maniant la pagaye dans cette pirogue comme des sauvagesses et vêtues de costumes de bain anglais. Arrivées tout près, elles se jetaient à l'eau, venaient à la nage jusqu'à toucher nos gondoles, pour écouter un instant la voix de la reine, d'un air étrange et mauvais, puis plongeaient, reparaissaient ailleurs et revenaient encore.

— « Je n'y vois plus », dit la reine. Alors les gondoliers enlevèrent le dais, et la fée blanche apparut mieux, à la lumière finissante. Sa voix aussi s'éteignait. Au fond, sur le ciel jaune pâle, Venise se découpait maintenant en noir. Dans ce crépuscule, les deux petites créatures, qui plongeaient et replongeaient sans bruit, faisaient l'effet de mauvais Esprits moqueurs du soir, tenus quand même là, sous le charme de la voix délicieuse.

Nous disions : « C'est assez. Votre Majesté est épuisée, nous la supplions de ne plus lire... » Enfin le manuscrit tomba des mains de la reine. Il faisait nuit.

De retour à l'hôtel, la reine, réellement à bout de forces, se fit porter aussitôt sur son lit, et je fus privé de cette dernière soirée que j'espérais passer près d'elle. Je quittais Venise le lendemain matin, et elle m'avait promis de me recevoir un instant dans sa chambre avant le départ. Quand je me penchai pour lui baiser la main, au moment où les deux porteurs l'enlevaient dans son fauteuil, je ne me figurais pas que je la voyais pour la dernière fois.

Retiré dans ma chambre, je reçus un moment après, d'un domestique fidèle à Sa Majesté, une de ces enveloppes grises timbrées de son chiffre et de sa couronne. J'en retirai une feuille arrachée à quelqu'un de ces blocs dont elle se servait toujours, et sur laquelle était écrit au crayon, de sa grande écriture élégante et nette :

A présent vous ne pensez plus, n'est-ce pas, que mon livre veuille être plus consolant que le christianisme. Non, il ne veut être que vrai.

D'ailleurs, si peu de gens arrivent au christianisme réel! J'ai vu tant de mensonges sous cet admirable manteau! Laissez-nous passer par les phases de développement intellectuel que nous sommes probablement prédestinés à traverser. Ne craignez rien. Nous sommes trop honnêtes pour sombrer.

CARMEN SYLVA.

Je restai longtemps à ma fenêtre, accoudé au balcon de marbre gothique, regardant la féerie du clair de lune d'été, à mes pieds, sur Venise. Je songeais à la destinée sombre de cette femme, admirable et vénérée. Je revoyais en souvenir, dans le grand palais de Bucarest, les mauvais yeux de toutes ses *filles*, le jour de sa fête, de ses *filles* qui lui doivent tout et qui lui en veulent de ce qu'elle n'ait pas fait plus encore.

J'ignore quelles erreurs politiques a pu commettre cette reine, pour avoir encouru une telle défaveur, dans ce pays auquel elle avait donné sa bonté, son cœur, sa vie. D'ailleurs, il ne m'appartiendrait pas de les juger.

Il est une seule faute que je vois bien : avoir voulu ce mariage, avoir cru qu'une jeune fille, égale de tant d'autres qui enviaient sa faveur, pourrait dans sa propre patrie devenir reine ! Et cette faute a probablement été la plus dangereuse de toutes ; c'est celle que n'ont pas pardonnée et ne pardonneront jamais toutes ces petites poupées charmantes qui, il y a un an, dansaient la Hora, en longue chaîne pailletée et dorée, autour de leur souveraine. C'est là l'origine des haines déchaînées, de ces haines féminines qui ne reculent devant rien et qui savent peu à peu entraîner toutes les autres.

Et je sentais une immense pitié attendrie pour cette reine, un désespoir de mon impuissance à la défendre, à seulement la venger un peu.

VI

Dimanche 16 août.

Une demi-heure avant mon départ, je descends, pour ma visite d'adieu matinal à la reine.

Mais, en bas, dans le grand salon, je trouve les demoiselles d'honneur qui m'attendent. La reine, disent-elles, est plus malade, beaucoup plus malade. Toutes deux ont passé la nuit à son chevet. Elle ne peut me recevoir.

Alors, je me mets à lui écrire, tout ce que je lui aurais dit dans cette causerie de grand adieu. Puis, je confie ma lettre aux deux jeunes filles, et une gondole m'emmène à la gare.

Déjà monté dans le wagon qui doit m'emporter à Gênes, je vois venir, le front en sueur, un *faquino* qui avait couru après moi ; il me remet une enveloppe grise au timbre royal, et j'en retire un feuillet crayonné :

Je puis à peine écrire, étant plus mal et tout à fait au lit.

Votre enthousiasme, au contraire, nous a fait tant de bien! Mais j'aurais voulu reprendre l'altercation plus calmement. Vous n'auriez pas eu d'effroi, et vous auriez vu combien le christianisme est encore chaud et fort en nous, et nos espérances vastes et larges. Ne craignez pas de petitesses dans votre cercle de fervents!

CARMEN SYLVA.

VII

Novembre 92.

Et c'est la dernière des dernières fois que j'aie vu l'écriture de la reine.

On ne sait quel sombre silence s'est fait autour d'elle, quel rideau de plomb a été baissé devant son clair visage. Vaguement j'ai appris qu'elle avait été emmenée, pour des mois de repos et de solitude, au bord d'un lac italien, loin de tous ses fidèles d'autrefois. Et que maintenant elle est dans un triste château des bords du Rhin...

CONSTANTINOPLE

EN 1890

CONSTANTINOPLE

EN 1890

C'est avec de l'inquiétude et une grande mélancolie que j'entreprends ce chapitre du livre. Quand on m'a demandé de le faire, j'ai voulu me récuser d'abord ; mais cela m'a semblé une sorte de trahison vis-à-vis de la patrie turque — et me voici.

Par exemple, écrire une impersonnelle description, avec un détachement d'artiste, j'en serais, dans le cas présent, moins que jamais capable. Une fois de plus, ceux qui voudront bien me suivre devront se résigner à regarder par mes yeux : c'est presque à travers mon âme qu'ils vont apercevoir le grand Stamboul...

Oh! Stamboul! De tous les noms qui m'enchantent encore, c'est toujours celui-là le plus magique. Sitôt qu'il est prononcé, devant moi une vision s'ébauche : très haut, très haut en l'air, et d'abord dans le vague des lointains, s'esquisse quelque chose de gigantesque, une incomparable silhouette de ville. La mer est à ses pieds ; une mer que sillonnent par milliers des navires, des barques, dans une agitation sans trêve, et d'où monte une clameur de Babel, en toutes les langues du Levant; la fumée flotte, comme un long nuage horizontal, sur l'amoncellement des paquebots noirs et des caïques dorés, sur la foule bariolée qui crie ses transactions et ses marchandages ; l'incessante fumée recouvre tout de son voile. Et c'est là-bas, au-dessus de ces buées et de ces poussières de houille, que la ville immense apparaît comme suspendue. En plein ciel clair, pointent des minarets aussi aigus que des lances, montent des dômes et des dômes, de grands dômes ronds, d'un blanc gris, d'un blanc mort, qui s'étagent les uns sur les autres comme des pyramides de cloches de pierre : les immobiles mosquées, que les siècles ne changent pas ; — plus blanches, peut-être, aux vieux âges, ces mosquées saintes, quand nos vapeurs d'Occident n'avaient pas encore terni l'air alentour et que les voiliers d'autrefois venaient seuls mouiller à leur ombre, mais pareilles toujours, et depuis des siècles couronnant Stamboul de leurs mêmes coupoles géantes, lui donnant cette même silhouette unique, plus grandiose que celle d'aucune ville de la terre. Elles sont l'immuable passé, ces mosquées ; elles recèlent dans leurs pierres et leurs marbres le vieil esprit musulman, qui domine encore là-haut où elles se tiennent. Si l'on arrive des lointains de Marmara ou des lointains d'Asie, on les voit émerger les premières hors des brumes changeantes de l'horizon ; au-dessus de tout ce qui s'agite de moderne et de mesquin sur les quais et sur la mer, elles font planer le frisson des vieux souvenirs, le grand rêve mystique de l'Islam, la pensée d'Allah terrible et la pensée de la mort...

. Au pied de ces mosquées sombres, j'ai passé autrefois le plus inoubliable temps de ma vie; elles ont été les témoins constants de mes courses d'aventure — pendant que les jours délicieux d'alors fuyaient si vite. Je les voyais de partout, arrondissant là-haut leurs grands dômes, tantôt blancs et mornes sous les soleils d'été, quand j'allais chercher l'ombre des platanes sur quelque vieille place solitaire ; tantôt vaguement noirs, par les minuits de décembre, sous les froides lunes indécises, quand mon caïque glissait clandestinement le long de Stamboul endormi; toujours présentes — et presque éternelles — auprès de moi, passant d'un jour sans lendemain, jeté là par le hasard. De chacune d'elles émanait une tristesse différente, un recueillement spécial qui planait sur tout le quartier solennel d'alentour. Peu à peu je les ai aimées étrangement, à mesure que je vivais davantage de la vie turque, que je m'attachais plus à ce peuple rêveur et fier, et que mon âme transitoire de ce temps-là, toute pleine d'un amour angoissé, s'ouvrait au mysticisme oriental.

Ensuite, quand il a fallu partir... oh! avec quelle mélancolie sans bornes, m'éloignant, un soir pâle de mars, sur la mer de Marmara, j'ai regardé cette silhouette de ville, lentement diminuée, peu à peu s'anéantir... Lorsque tout fut vague, presque perdu, seuls les grands dômes et les minarets apparaissaient toujours au-dessus du froid brouillard de mer; seul persistait le haut contour superbe de Stamboul. Et alors, dans cette dernière image, s'est symbolisé, pour ainsi dire, tout ce que je laissais là derrière moi de regretté amèrement, toute ma chère vie turque à jamais finie : la silhouette unique s'est gravée en dedans de mes yeux de manière à ne plus s'effacer. Pendant les années de vie errante qui ont suivi, pendant mes exils, partout, sur les mers lointaines, j'ai revu, dans mes rêves des nuits, la ville des dômes et des flèches se profiler à l'imaginaire horizon gris des sommeils, m'apportant chaque fois une impression triste de patrie perdue. Je la dessinerais par cœur sans une faute — et, dans la vie réelle, chaque fois que j'y reviens, c'est encore avec une émotion à la fois pénible et délicieuse que le temps n'a guère atténuée.

Mais je ne crois pas cependant que le mirage de mes souvenirs personnels m'illusionne outre mesure sur le prestige de cet aspect. Il est incontesté et il est légendaire ; des voyageurs quelconques, même de ceux qui ne comprennent rien à rien, reçoivent une singulière impression d'arrivée dès que l'imposante silhouette commence à s'esquisser au loin. Et tant que Stamboul — banalisé, hélas ! de jour en jour et profané à présent par tout le monde — conservera ce premier abord et ces lignes, il restera encore, malgré tout, la merveilleuse cité des Califes, la cité reine d'Orient.

Autour de Stamboul se groupent d'autres quartiers, d'autres villes, et des séries de palais et de mosquées dont l'ensemble forme Constantinople : d'abord Péra, où les chrétiens habitent ; puis, le long du Bosphore, de Marmara à la mer Noire, une suite presque ininterrompue de faubourgs. Et, par d'innombrables bateaux, par des légions de caïques, toutes ces parties du même tout communiquent ensemble. La grande ville, éparse le long des rives, égrène ses foules bigarrées sur la mer, — et la mer est couverte de passants, la mer est un lieu qui s'anime chaque jour d'un perpétuel va-et-vient.

Quartiers bien distincts, dont les habitants sont de race, de religion, de costumes différents ; quartiers qui jamais ne se ressemblent.

Aucune capitale n'est plus diverse par elle-même, ni surtout plus changeante d'heure en heure, avec les aspects du ciel, avec les vents et les nuages — dans ce climat qui a des étés brûlants et une admirable lumière, mais qui, par contre, a des hivers assombris, des pluies, des manteaux de neige tout à coup jetés sur les milliers de toits noirs.

Et ces rues, ces places, ces banlieues de Constantinople, il me semble qu'elles sont un peu à moi, comme aussi je leur appartiens. Tous ces désœuvrés de boulevard que l'Express-Orient y jette maintenant en foule, je leur en veux de s'y promener, comme à des intrus profanant mon cher domaine sans y apporter l'admiration ni le respect que le vieux Stamboul commande encore. Ces quartiers, qu'ils regardent avec un banal étonnement, et que je connais, moi, comme ceux de pas une ville au monde, je les ai parcourus jadis, à toute heure du jour ou de la nuit — me mêlant d'ordinaire, au gré de ma fantaisie d'alors, à la vie des plus humbles d'entre les gens du peuple. Mais comment pourrais-je en parler dans ce livre avec l'impartialité qu'il faudrait? J'y retrouve à chaque pas des souvenirs de jeunesse et d'amour. Comment les jugerais-je? Je les adore !...

Avant d'écrire ceci, j'ai voulu revenir une fois à Constantinople, en simple touriste moi-même, et essayer de jeter un coup d'œil plus détaché sur cette ville où je n'ai plus aucun lien, hélas! qu'avec des morts, où je n'ai plus rien à faire qu'une visite à des tombes.

Et c'est de Roumanie que je m'y suis rendu, ce printemps de 1890, au beau mois de mai, par l'ancienne route rapide de Roustchouk, Varna et la mer Noire.

A bord du paquebot qui me ramène — le matin du lundi 12 mai 1890, au lever du jour, — tous les passagers sont sur le pont, l'œil au guet, pour ne pas manquer l'entrée du Bosphore, qui est un site classique, hautement coté dans les « Guides » à l'usage de MM. les voyageurs.

Il y a par le monde des sites beaucoup plus grandioses, avec une végétation plus belle et des montagnes plus hautes. Dans les détails intimes, sans doute, réside ce charme unique du Bosphore — qui est très réel et indépendant de moi-même, puisque tous ceux qui viennent ici le subissent.

Maintenant voici Tcheragan, Dolma-Bagtché, la ligne des palais blancs comme neige, posés tout au bord de la mer sur des quais de marbre. Alors cela devient incomparablement beau, car, dans la vapeur du matin, les trois villes apparaissent à la fois, les trois villes qui se regardent : Scutari à gauche, en amphithéâtre sur la rive d'Asie ; Péra à droite, échafaudage de maisons et de palais couvrant toute la rive d'Europe, et, au milieu, sur une pointe de terre qui s'avance entre les deux, au-dessus d'un fouillis de navires et de fumées, dominant tout, — les minarets et les grands dômes de Stamboul !

Sur la hauteur de Péra, dans un hôtel de touristes comme il faut, encombré d'Anglais, où je suis très banalement descendu, mon salon de louage a vue merveilleuse sur la Corne-d'Or, sur la pointe du Vieux-Sérail et sur des infinis de mer bleue où s'échelonnent les îlots d'Asie. C'est une des séductions de ce pays, les échappées qu'on a de partout sur d'immenses lointains ; de l'une quelconque de ces trois villes ainsi assemblées, on domine les deux autres, avec la mer au delà ; n'importe où l'on habite, on est toujours sûr d'apercevoir, par-dessus les premiers plans, par-dessus les toits ou les arbres, des choses presque féeriques esquissées en l'air ; le champ du regard est ici large et profond comme nulle part ailleurs.

Six heures du soir, le même jour. (Qu'on me le pardonne, j'ai passé ma journée en pèlerinages aux cimetières, en visites de souvenir à des recoins quelconques n'ayant d'intérêt que pour moi-même.)

L'heure du soleil couchant me trouve au quai de Top-Hané, assis en plein air devant un café, — ce qui est une habitude de la vie d'Orient, — à regarder passer le monde et tomber la nuit.

Une sorte de lieu de méli-mélo et de transition, ce quai de Top-Hané, une sorte de carrefour très vaste, où viennent aboutir, par de larges rues, des quartiers absolument différents.

Les beaux soirs comme celui-ci, la moitié de la voie y est encombrée par des rangées de divans, en velours rouges ou bariolés, sur lesquels sont assis des gens qui fument et qui rêvent. On est là, comme au parterre d'un immense théâtre, pour regarder devant soi le grand mouvement de la vie orientale et, sur le Bosphore, le va-et-vient des navires. Entre les spectateurs de la mer, sur les fonds bleuâtres de l'eau et des collines d'Asie, une haute mosquée se dresse, avec son dôme compliqué et ses minarets à galeries ajourées. Elle est toute réchampie de blanc et de jaune très tranchés, — deux nuances absolument turques, dont l'assemblage en encadrements et en panneaux décore toutes les bâtisses relativement modernes de Constantinople : la plupart des mosquées, des palais ou des belles maisons un peu neuves sont ainsi peintes mi-parties — et ces nuances font bien sur le bleu des lointains ou des eaux, servant elles-mêmes de fond aux bigarrages des foules qui passent, aux innombrables bonnets rouges qui coiffent toutes les têtes. A ces deux couleurs des monuments, il faut ajouter le vert cru de ces grandes plaques, chamarrées d'inscriptions d'or, qui surmontent inévitablement tous les portiques, toutes les entrées, toutes les fontaines. Du blanc, du jaune, du vert zébré d'or, voilà les tons de l'élégante mosquée d'en face, et aussi des kiosques environnants, de tout cet assemblage de constructions aux découpures orientales qui se détachent sur le bleu assombri, sur le bleu déjà crépusculaire du Bosphore et de l'Asie.

Les rangées de divans en plein air peu à peu se garnissent, sans distinction, de personnages de toutes les races et de tous les costumes du Levant. Les garçons affairés accourent, portant les microscopiques tasses de café, et le raki, et les bonbons, et les braises ardentes dans les petits vases de cuivre; la grande flânerie douce des soirs d'Orient commence, les narguilhés s'allument, et les cigarettes blondes remplissent l'air d'odorante fumée. Sur la voie libre passent encore toutes sortes de gens et de voitures; des beaux cavaliers militaires bien montés et de noble mine qui s'en vont vers les palais du Sultan ou qui en reviennent; des loueurs de chevaux (dont Top-Hané est le quartier général), tirant par la bride leurs bêtes toutes sellées; des marins de nationalité quelconque débarqués après leur journée finie ; des marchands ambulants agitant leurs petites cloches, ou criant à tue-tête leurs gâteaux, leurs sorbets, leurs fruits...

A Galata, dont la grande rue, éternellement bruyante, vient mourir à ce carrefour, une clameur s'enfle en *crescendo*, et, bien qu'assourdie dans le lointain, arrive déjà jusqu'ici, aux rêveurs assis sur les divans rouges. C'est la grande Babel du Levant, ce Galata. Jusqu'au matin, le long du Bosphore, s'élève de tout ce quartier une clameur d'enfer...

A ce carrefour vient aussi aboutir Iéni-Tchirché, la plus grande des rues en pente raide qui montent à Péra, — à la ville chrétienne, perchée là-haut au-dessus de nos têtes. Et des deux côtés de cette rue, sous des berceaux de vigne, devant les cafés turcs qui se suivent porte à porte, encombrant tout de leurs petits tabourets et de leurs petites tables, viennent s'asseoir par centaines ces portefaix qui ont peiné tout le jour à remonter, des navires, des quais, des douanes, les malles des voyageurs, les caisses et les ballots de marchandises. Joyeux du repos des soirs, ils arrivent les uns après les autres, demandant un narguilhé, ces hommes qui font métier de remplacer, avec leurs larges épaules et leurs jarrets de fer, les camions, les chariots, inconnus à Constantinople.

Leur foule va peu à peu grossissant; bientôt ils se touchent tous, pareillement vêtus en bure brune soutachée bizarrement de noir et de rouge, la veste largement ouverte sur leur poitrine musculeuse noircie de soleil. Leurs groupes serrés s'étagent en perspective, suivant la montée de la rue rapide; le murmure de leurs causeries se mêle à ce petit gargouillement spécial qui sort de leurs innombrables narguilhés, — et la fumée grisante emplit l'air de plus en plus, à mesure que la nuit tombe...

Tout ce petit train des fins de jour est demeuré pareil, depuis tant d'années que je le connais — et je me représente si bien ce qui se passe, à cette même heure, dans les différents quartiers de l'immense ville !...

Là-bas, vers le nord, en continuant par la large voie qui suit la mer, on arriverait aux quartiers du Sultan : palais impénétrables, grands murs de parcs, de casernes, de sérails. La nuit n'amène là que beaucoup de tranquillité, sous les avenues d'acacias, en ce moment toutes blanches de fleurs.

Au-dessus de nos têtes, sur ces hauteurs qui nous dominent, le Péra cosmopolite va commencer d'éclairer ses grandes boutiques européennes aux étalages copiés sur ceux de Londres ou de Paris, et continuera, aux lumières, son va-et-vient de voitures, à la façon d'Occident. L'approche du soir, au lieu de calmer là-haut l'agitation incessante de la vie, va l'exaspérer plutôt, à la lueur du gaz. Empressements de touristes revenant de leurs excursions du jour, et se hâtant, avant la nuit tombée, de regagner le bercail rassurant, la table d'hôte servie à l'anglaise, la rue où l'on se sent comme en Europe; extravagances de toilettes, risquées par des Levantines aux grands yeux lourds, qui auraient été si jolies vêtues en Grecques, en Arméniennes ou en Juives. Et, dans cet amusant pêle-mêle, la note d'Orient donnée quand même par beaucoup de fez rouges qui circulent, par des équipes de portefaix aux costumes bariolés de broderies qui remontent de la ville basse, des rues plus orientales d'en dessous, ou bien encore — comme on est là très haut au-dessus de la mer — par des échappées de lointain apparaissent entre les banales maisons à plusieurs étages : un peu de Marmara au bleu assombri, un peu de la côte d'Asie perdue dans le crépuscule...

Là-bas derrière nous, au delà de cette colline de Péra qui nous surplombe, des faubourgs turcs, arméniens ou juifs s'arrangent, au hasard des coteaux ou des vallées, tout le long de la Corne-d'Or, face au grand Stamboul, qui couronne l'autre rive et les domine; ils communiquent entre eux par mer surtout, au moyen de ces caïques légers, toujours en mouvement tant que reste au ciel une lueur de jour... Il est curieux que le seul voisinage des choses perdues de vue depuis longtemps avive ainsi le souvenir qu'on en avait conservé : il y aura tantôt quinze ans que je n'habite plus par là, et j'avais presque oublié comment les soirs s'y passent; or il me suffit d'être à Constantinople, assis à songer — dans une rue différente cependant et très éloignée, — pour me rappeler tout, avec une netteté complète, comme si j'étais parti d'hier... D'abord le faubourg très turc de Kassim-Pacha, aux vieilles maisonnettes, tout orientales, aux petites boutiques anciennes, aux petits cafés qu'abritent des platanes : il était un de mes plus familiers jadis, et j'y passais chaque jour. En ce moment même je me le représente animé tout à coup de sa vie spéciale des soirs. Le flot des matelots de guerre vient de s'y répandre, à la sortie de l'arsenal ou des grands cuirassés noirs mouillés en face dans la Corne-d'Or. Joyeux et rieurs, circulant par groupes en se donnant la main, ils remplissent les rues et les places. Au lieu du bonnet, ils portent un fez, et leur col est rouge au lieu d'être bleu : à part cela, ils ressemblent aux nôtres. Des femmes qui les attendaient (des mères ou des sœurs, s'entend) se mêlent à eux, drapées de longs voiles blancs, bleus ou roses. Leurs officiers aussi s'arrêtent là pour fumer, dans les plus humbles cafés, parmi les hommes du peuple. — Et c'est du reste une coutume particulière à la Turquie, ces très démocratiques mélanges : des pachas, des beys assis au café parmi de pauvres gens, causant avec eux ou leur expliquant les nouvelles — et la dignité n'y risque rien, puisque, entre musulmans, on ne s'enivre jamais. — D'autres faubourgs suivent, prenant de plus en plus des airs de village à mesure qu'on s'avance vers l'intérieur des terres, et, aussitôt après, commence, de ce côté-là, une campagne déserte, aride, sans route, et encombrée de tombeaux, tristement charmante.

La Corne-d'Or sépare tous ces quartiers, dont je viens de parler, du grand Stamboul, où une sorte de silence religieux va se faire avec l'obscurité.

Et au fond de ce golfe enclavé dans une ville, tout au fond, sous les vieux cyprès et les vieux platanes, le saint faubourg d'Eyoub, cœur de l'Islam en Europe, enfoui dans une sorte de bocage funèbre, confinant aux grands cimetières et entouré de tombes, va s'endormir dans un effrayant silence, qu'interrompra seulement de temps à autre quelque psalmodie sortie d'une mosquée. Dans tous les kiosques des morts, devant les hauts catafalques surmontés de turbans, les petites lampes veilleuses vont s'allumer; en passant le long des avenues sombres, on les verra briller, à travers les grillages des fenêtres, comme des yeux jaunes dans la nuit.

Du reste, tout le grand Stamboul aussi va s'endormir, presque aussi paisible qu'aux siècles passés, tandis que le tapage d'Occident commencera dans les quartiers de la rive livrée aux infidèles. A peine, dans les nouvelles rues, vers les parages de Sainte-Sophie, çà et là quelques boutiques s'éclaireront; quelques cafés jetteront au dehors des

8.

lueurs de lanternes : partout ailleurs dans l'immense ville, il n'y aura rien que mystérieuse obscurité et lourd sommeil. — Il semble que cette Corne-d'Or ne soit pas seulement un bras de mer séparant les deux parties de Constantinople, mais qu'elle mette aussi un intervalle de deux ou trois siècles entre ce qui s'agite sur une rive et ce qui s'endort sur l'autre...

. . . .

Tandis que je suis là, songeant en pleine rue sur ce divan rouge, et regardant, à travers des fumées de narguilhés, la foule circuler dans la pénombre, voici que tout là-haut en l'air une première couronne de feux s'allume comme un signal, autour de la flèche aiguë d'un minaret de Top-Hané : les illuminations religieuses ! le Ramadan !!... J'avais oublié que nous étions dans ce mois lunaire où tous les Turcs du peuple font de la nuit le jour. Que disais-je donc du calme de Stamboul ?... Tout à l'heure, au contraire, et jusqu'au matin, il sera plus bruyant que Péra et Galata réunis — et j'irai me mêler à ses gaietés étranges, à ses foules...

Il est temps de rentrer à l'hôtel pour dîner. Au lieu de me rendre à Péra par la montée directe de Iéni-Tchirché, je vais appeler d'un signe un de ces bonshommes qui promènent devant moi des chevaux tout sellés, et je ferai le grand tour, à travers le tumulte de Galata, pour remonter ensuite par le Champ-des-Morts.

Galata au dernier crépuscule et aux lanternes ! Cohue et tapage. Sur les pavés, mon cheval sautille, un peu effaré, au milieu des passants innombrables, dans le flot des fez rouges et des costumes de bure. Il y a d'autres cavaliers qui passent ventre à terre, il y a un va-et-vient continuel de voitures et de lourds tramways précédés de coureurs qui sonnent de la trompe. Il y a une odeur d'alcool, d'absinthe et d'anis. Les grands estaminets dangereux s'ouvrent et s'éclairent ; les grands alcazars invraisemblables illuminent leurs façades pavoisées — ceux où l'on joue la pantomime italienne à côté de ceux où des orchestres de dames hongroises exécutent le répertoire de Strauss. Déjà les mauvais lieux regorgent de monde ; des gens assis devant les cafés encombrent la voie étroite et sont bousculés par les chevaux. On est assourdi d'un brouhaha de conversations dans toutes les langues, d'un bruit confus de cymbales, de sonnettes, de grosses caisses. Et je cours maintenant au grand trot dans ce débordement d'hommes, m'amusant à dire, comme autrefois, à voix claire : « *Bestour ! Bestour !* » (Gare ! Gare !), le cri des foules turques, qui est comme le « *Balek ! Balek !* » des foules arabes...

A l'hôtel, là-haut, la banalité d'une table

d'hôte. Un monsieur, touriste récemment vomi par l'Orient-Express, daigne me demander quelques renseignements pratiques

— Il n'y a rien à faire à Stamboul le soir n'est-ce pas, monsieur? (C'est le cliché que vous servent tous les guides des hôtels, qu'il n'y a rien à voir à Stamboul le soir et que les promenades y sont périlleuses.)

Je le dévisage tout d'abord :

— Oh non ! monsieur : en effet, à Stamboul, rien du tout. Mais ici, à Péra, tenez, tout à côté, faites-vous indiquer... : vous avez deux ou trois *beuglants* délicieux...

Et vite, après ce dîner, un cheval de louage, pour m'enfuir...

Dans la belle nuit d'étoiles, je descends par le Petit-Champ-des-Morts ; je chemine ensuite dans Galata, qui est en pleine fête, et enfin, quittant cette rue bruyante, je m'arrête au bord de l'eau, à l'entrée d'un pont qu'on ne voit pas finir, mais qui s'en va se perdre au loin dans l'obscurité confuse. Là, tout change brusquement, comme change un décor de féerie au coup de sifflet des machinistes. Plus de foule, ni de lumières, ni de tapage : une profonde trouée de nuit et de silence est devant moi ; un bras de mer étend son vide tranquille entre ces quartiers assourdissants que je viens de traverser et une autre grande ville, d'aspect fantastique, qui apparaît au delà sur le fond étoilé de la nuit, en silhouette toute noire dentelée de minarets et de dômes. Elle se profile si haut que les coupoles de ses mosquées, s'exagérant dans les buées enveloppantes, prennent des proportions de montagnes. C'est un soir de Ramadan. Alors, à tous les étages de ces minarets, autour de leurs galeries festonnées, brillent des rangs de feux en couronnes, et, dans le vide, entre ces flèches de pierre qui pointent en plein ciel, des inscriptions lumineuses suspendues par d'invisibles fils, effraient comme des signes apocalyptiques tracés dans l'air avec du feu.

J'ai hâte d'être là; un attrait, une indicible émotion de souvenir me fait presser le pas, dans l'obscurité de l'interminable pont qui mène, à travers ce bras de mer, à cette ville si noire. A mesure que j'approche, montent toujours plus haut les coupoles et les minarets avec leurs couronnes de feux. Me voici à leurs pieds; je quitte le plancher mouvant du pont pour les cailloux et les fondrières d'une première place obscure que domine la masse superbe d'une mosquée: je suis à Stamboul !

Je vais tourner le dos aux quartiers neufs, aux boulevards récemment alignés, dans les parages de Sainte-Sophie et de la Sublime-Porte, qu'éclairent maintenant, hélas ! des becs de gaz, où circulent des voitures, des équipages d'ambassade promenant d'aventureux voyageurs. C'est vers le Vieux-Stamboul, encore immense, Dieu merci ! que je me dirige, montant par de petites rues aussi noires et mystérieuses qu'autrefois, avec autant de chiens jaunes couchés en boule par terre, qui grognent et sur lesquels les pieds buttent. Mon Dieu ! pourvu que quelque édile ne me les détruise pas, ces chiens !... J'éprouve une sorte de volupté triste, presque une ivresse, à m'enfoncer dans ce labyrinthe, où personne ne me connaît plus — mais où je connais tout, comme m'en ressouvenant de très loin, d'une vie antérieure...

Il fait une nuit de mai douce, merveilleuse. L'obscurité garde une transparence qui permet de se conduire, et au-dessus de ma promenade errante, mais très haut, n'éclairant pas plus que les étoiles, planent de tous côtés les cercles de feux accrochés aux minarets des mosquées, les inscriptions lumineuses suspendues dans l'air. Les étroites rues sombres que j'ai prises débouchent tout à coup sur l'immense place du Séraskiérat, pleine de lumières, de monde, de musiques, de costumes. Mais je traverse seulement ce lieu pour pénétrer plus avant dans le cœur de la vieille ville, dans les quartiers exquis et non profanés encore de la Suléimanieh et de Sultan-Sélim. Tantôt l'obscurité des petites rues funèbres, tantôt les lumières et les foules. Dans les cafés, des musiques d'Orient : violons tristes, qui gémissent des mélodies à fendre l'âme ; cornemuses qui chantent de vieux airs, à voix aigre et plaintive. Et des campagnards, des Asiatiques, dansent entre hommes, en longues chaînes se tenant par la main.

De toute cette étonnante chose qui est une nuit de Ramadan à Stamboul, voici l'image qui ce soir-là me charme le plus : vers minuit, dans une rue solitaire, tout simplement un harem qui passe... Très étroite la rue, très obscure ; par-dessus les hautes maisons grillées, sur un coin de ciel étoilé, on voit monter les minarets de la Suléimanieh, gigantesques pointes noires — diaphanes, dirait-on — qui portent dans leur longueur deux ou trois couronnes superposées de feux mourants. — Un grand silence, et d'abord personne. Puis un groupe qui arrive, un groupe de cinq ou six femmes, chaussées de babouches qui ne font pas de bruit; fantômes bleus, rouges ou roses, enveloppés jusqu'aux yeux dans ces pièces de soie lamée d'or qui se fabriquent en Asie. Deux eunuques les précèdent armés de bâtons, les éclairant avec de grandes lanternes anciennes... Cela passe, féerique et charmant ; cela s'éloigne, cela s'en va on ne sait où, s'enfermer dans on ne sait quel coin du mystérieux dédale... Et l'obscurité semble plus épaisse après qu'ont disparu les feux de leurs lanternes, qui faisaient danser leurs ombres sur les vieux pavés et les vieux murs...

Mardi 13 mai 1890. — Je prends le récit de cette deuxième journée à cinq heures seulement — pour l'arrêter avant la nuit.

A cinq heures donc, en caïque, tournant le dos toujours aux quartiers neufs, je remonte vers le fond de la Corne-d'Or, me rendant au faubourg d'Eyoub.

(Pour qui ne connaît pas Constantinople, les caïques sont ces espèces de périssoires longues et minces, arquées en croissant de lune, où l'on navigue couché — et que l'on trouve sur tous les quais par centaines, comme à Venise les gondoles.)

Cette Corne-d'Or devient plus paisible à mesure que l'on s'éloigne de l'entrée, encombrée de paquebots, et la partie de Stamboul que je longe à présent est de plus en plus antique, délabrée, morte : ce sont les très vieux quartiers, d'où la vie s'est retirée peu à peu, pour se porter ailleurs sur l'autre rive. Jamais, du reste, je ne leur avais tant trouvé cet air de ruines envahies par les arbres ; leurs toits noirâtres disparaissent presque sous la fraîche verdure de mai. Et Eyoub est au bout, touchant aux rideaux de cyprès noirs, aux grands bois funéraires.

Un vent très vif et presque froid se lève, comme chaque soir à l'heure où baisse le soleil ; sur toute la surface de l'eau remuée, de petites lames se forment.

Eyoub, le saint faubourg, est toujours le lieu rare du suprême recueillement, de la suprême prière. A l'entrée de l'avenue exquise qui longe les saints tombeaux, je mets pied à terre sur des dalles verdies par les siècles ; l'avenue, devant moi, s'enfonce en profondeur, toute blanche à travers l'espèce de bois sacré plein de sépultures, blanche de ce même blanc verdâtre que prennent à l'ombre les marbres très vieux ;

elle s'en va finir là-bas à l'impénétrable mosquée, dont on aperçoit confusément le dôme, sous un bouquet de platanes et de cyprès immenses. Elle est bordée, de droite et de gauche, par des kiosques, en marbre blanc ajouré, remplis de catafalques et de morts, ou par des murs percés d'arceaux en ogives à travers lesquels on aperçoit les cîmetières : étranges tombes aux dorures fanées, apparaissant dans la nuit verte de dessous bois, mêlées à des fouillis d'herbes, de rosiers sauvages, de ronces...

Les passants sont toujours très rares dans cette avenue des morts : quelques derviches qui reviennent de prier, ou quelques mendiants qui vont s'accroupir là-bas aux portes de la mosquée. Ce soir, ce sont trois petites filles turques, de cinq à dix ans, très jolies, qui gambadent, vêtues d'éclatantes robes vertes et rouges: Cela déroute, de les voir jouer gaiement dans ces marbres et dans cette ombre funéraire. Du reste, jamais je n'étais encore venu ici à la splendeur de mai, et cette verdure neuve, ces fleurs partout, détonnent autant que ces trois petites filles. Des lieux si infiniment mélancoliques ne s'égayent pas au printemps, bien au contraire : ce ciel aux nuances très douces, ces grappes de roses, ces jasmins qui retombent des murs, et qui, depuis des siècles, à la même saison, font leur même sourire si éphémère et si trompeur, ajoutent encore à l'impression qu'on éprouve ici d'un universel et irrémédiable néant.

Mercredi 14 mai 1890. — A l'ambassade de France, ce matin-là, autour d'une grande table fleurie de roses jaunes, nous sommes au moins trente convives à déjeuner — tous touristes !

Autrefois la traversée de la mer Noire les arrêtait encore; mais depuis deux ans, avec le nouveau chemin de fer aboutissant au pied du Vieux-Sérail, c'est effrayant, ce flot de désœuvrés de l'Europe entière qui vient ici fureter partout.

Et je ne puis me rappeler sans sourire cette réflexion de la très charmante ambassadrice, parcourant d'un regard fin et impayable sa longue tablée : « Oh! moi, vous savez, par les temps que nous traversons, je n'en suis pas à un touriste de plus ou de moins... » Cela dit sans l'ombre d'une pensée désobligeante pour ses hôtes, mais prononcé avec je ne sais quelle imperceptible nuance qui fait de cette petite phrase de rien une chose infiniment drôle. — Tous choisis, gens aimables et de bonne compagnie, ces voyageurs invités ; trop nombreux seulement, tournant à l'invasion, et alors pas décoratifs ici pour des yeux de peintre : c'est tout ce que je leur reproche — sans y mettre, bien entendu, plus de mauvaise pensée que notre ambassadrice.

Le même jour, vers quatre heures du soir, Stamboul par la pluie. Un orage depuis ce matin assombrissait l'air, et l'averse tombe décidément, torrentielle.

Sortant de la Sublime-Porte, je me réfugie, pour m'y abriter jusqu'à la fin de la journée, dans le labyrinthe du Grand-Bazar (car Stamboul, suivant l'usage d'Orient, a son « bazar », qui est comme une ville dans la ville, que des murailles entourent, et qui, le soir, ferme ses épaisses portes).

Il y fait sombre et triste, aujourd'hui, sous ce ciel plein d'eau et sous ces toitures de bois qui couvrent toutes les petites rues, laissant des gouttières suinter; à travers une espèce de buée, de brouillard crépusculaire, on voit briller les étoffes dorées, les milliers de bibelots accrochés aux échoppes — et fourmiller les foules : femmes tout de blanc voilées, hommes coiffés de bonnets rouges.

Dieu merci! il n'a guère changé encore, ce bazar. Dans des recoins connus, je retrouve les mêmes obscurs petits cafés, qui sont revêtus de leurs vieux carreaux de faïence persane aux étranges fleurs, et où servent depuis des années les mêmes vieilles petites tasses. On peut y faire les mêmes rêves qu'autrefois, en regardant, par la porte ouverte, la foule turque s'agiter dans le demi-jour fantastique des avenues. Du fond de ces retraites d'ombre, où l'on fume le tabac blond qui grise, tout ce mouvement, tout ce bruit semble, dans le lointain, comme un immense brouhaha de fantômes.

Voici cependant, hélas! quelques essais nouveaux de boutiques à l'européenne, avec des devantures vitrées. Et voici même quelques bandes d'étrangers ahuris — touristes des agences, évidemment — qui passent en se serrant les coudes, promenés à toute vapeur par des guides effrontés. (Plus convaincus sont les

9.

touristes anglais : malgré leurs airs de marcher en pays conquis, je crois que décidément je les préfère aux Français gouailleurs, qui se plaignent des rues mal pavées, qui ne voient du bazar que les quelques articles de Paris étalés çà et là, et inclinent à penser que tous ces vieux marchands à turban, accroupis dans des niches, font venir leurs tapis du *Bon Marché* ou du *Louvre*.) Et ils partiront tous ayant *vu* Constantinople; et ils crieront même à la mauvaise foi musulmane, parce qu'ils auront été volés, pillés (comme cela leur revient de droit) par la plèbe des guides et des interprètes — qui sont Grecs, Arméniens, juifs, Maltais, tout ce qu'on voudra, mais jamais Turcs. Les Turcs du peuple se font bateliers, ou manœuvres, ou portefaix, mais ne se plient point au métier servile d'exploiteurs d'étrangers.

Je m'attarde à marchander de vieux bibelots d'argenterie — tandis que dehors le jour baisse et la pluie tombe toujours. De plus en plus désolé, ce bazar qui se vide, les affaires finies : le long des ruelles couvertes, si vieilles, si vieilles, les boutiques se ferment; les marchands s'en vont comme les acheteurs, et l'obscurité grise descend dans ce labyrinthe, qui, la nuit, ne sera plus qu'un désert noir.

Il faut s'en aller décidément. Je remonte sur un pauvre cheval de louage, tout trempé des averses du jour, qui m'attendait à une des portes de ce bazar et je m'achemine vers Péra.

La pluie cesse; mais le ciel reste gris, les vieux toits ruisselants. En descendant vers la Corne-d'Or, par les rues étroites, on marche dans les flaques d'eau, faisant jaillir la boue. La ville a repris subitement ses aspects d'hiver, — aspects, en somme, sous lesquels je l'ai le plus connue et qui me tiennent au cœur d'une manière plus intime. Voici où mes impressions redeviennent tout à fait personnelles : il est laid et triste, Stamboul, par un pareil soir, — et cependant c'est ainsi que je l'aime le plus. Je reviens à regret, très lentement, malgré l'eau qui tombe encore en mille gouttières des toits mouillés. Oh! comme je me replonge en plein passé, par cette soirée de pluie presque froide...

Arrivant à l'hôtel, toujours sans hâte malgré mes vêtements trempés, j'y trouve un mot de Son Excellence le Grand Vizir, m'informant que Sa Majesté le Sultan veut bien m'inviter à venir ce soir, au palais de Yeldiz, assister aux illuminations du Kadir-Guidjeci : « Un chaouch, me dit-il, et une voiture seront là pour vous prendre... »

Environ trois quarts d'heure après, presque en retard, ayant dîné à la diable et fait avec fièvre ma toilette de cour, je roule à toute vitesse vers Yeldiz, dans un landau découvert escorté d'un chaouch au galop, fendant la foule de Péra. Le ciel s'est dégagé, les étoiles brillent. Les illuminations merveilleuses du Ramadan s'allument partout; entre les banales maisons, quand une échappée de lointain apparaît, on dirait d'une féerie.

C'est loin, ce palais de Yeldiz, presque dans la campagne, du côté opposé à Stamboul, auquel nous tournons le dos dans notre course empressée. Le Bosphore, qu'on aperçoit aussi de temps en temps, et, au delà, Scutari, sont illuminés comme la côte d'Europe; la féerie se prolonge de tous côtés, jusqu'aux dernières limites du champ de vue.

En avant de nous, courant en sens inverse, voici un flot de monde, une masse humaine qui se précipite comme furieuse, des hommes demi-nus galopant et criant; et au loin je distingue le sinistre appel : *Yangun vâr!*

Le feu! c'est le feu! Avec tant de maisons en bois, ici c'est continuel. Tout un quartier brûle là-bas, jetant dans le ciel une grande lueur rouge, ajoutant à la fête une illumination imprévue. Ces choses que l'on traîne si vite avec un bruit lourd, ce sont les pompes, attelées d'hommes affolés qui courent à toutes jambes ; elles accrochent les roues de ma voiture... Cris et bousculade... Mais on reconnaît le chaouch du palais, on s'écarte, et nous passons...

Maintenant, des avenues de banlieue, larges et droites, presque vides, où nous reprenons notre train ventre à terre.

Puis, devant nous, une grande lueur blanche et verte, non plus d'incendie, mais de feux de Bengale : les jardins de Yeldiz. Nous franchissons des grilles : — alors, subitement, plus de foule ni de bruit ; nous galopons dans des allées vides, silencieuses, illuminées à profusion, bordées de myriades de feux qui forment des guirlandes et des girandoles. Rien que des feux blancs, des globes blancs dans la verdure ; aucun bariolage ici, sur la terre, tandis que, par contre, le ciel est entièrement étoilé de fusées bleues et rouges, rayé de pluies de feu de toutes les couleurs.

Les allées, où il n'y a toujours personne, vont en montant ; il y fait de plus en plus clair, de lumière blanche, tandis qu'un côté de l'horizon reste ensanglanté par du rouge d'incendie. Une autre grille encore. Puis des bataillons de cavaliers et de fantassins nous barrent le passage, formant la haie serrée ; ils portent tous des torches ou des lanternes, comme pour quelque gigantesque retraite aux flambeaux. Des centaines d'officiers sont là aussi, vêtus pour la plupart du dolman oriental aux longues manches flottantes. — Oh ! la belle et imposante armée !

Ces milliers d'hommes, si immobiles, semblent absorbés dans un recueillement religieux, au milieu de cette clarté étrange qui éblouit, sous cette pluie de feux de couleurs changeantes dont le ciel de la nuit est traversé.

Le chaouch qui me guide a les mots de passe, et les rangs s'ouvrent devant nous. Il me conduit au premier étage, dans un pavillon du palais : salons vides où il fait étonnamment clair — clair des lampes intérieures et de l'illumination du dehors, dont la lueur immense entre par les fenêtres grandes ouvertes. Les boiseries, les meubles sont blancs et or ; tout est lumineux et blanc. A je ne sais quelle forme particulière du silence, on a le sentiment de cette agglomération d'hommes en armes qui sont là, muets, retenant presque leur souffle, oppressés par la présence du Souverain. Et une admirable musique religieuse arrive du dehors : un chœur de voix d'hommes très fraîches, très limpides, qui psalmodient sur des notes singulièrement hautes, avec quelque chose de pas naturel, d'extra-terrestre si l'on peut dire ainsi...

Un aide de camp me reçoit dans ces salons. « Le Sultan, me dit-il, est encore à la mosquée impériale, d'où partent ces chants suaves. » Mais la prière touche à sa fin, et, en m'approchant d'une fenêtre, je verrai tout à l'heure Sa Majesté sortir.

A une cinquantaine de pas de moi, un peu en contre-bas de la fenêtre où je suis, cette mosquée m'apparaît. Elle est toute fraîche et toute blanche, très dentelée d'arabesques, en style d'Alhambra. Illuminée par en dedans et par en dehors, elle semble transparente autant qu'une fine découpure d'albâtre, et cette musique qui s'en échappe lui donne quelque chose d'irréel ; elle est comme la principale pièce de l'immense feu d'artifice qui, ce soir, brûle partout. Alentour de son dôme étrangement lumineux apparaissent, avec leurs myriades de globes blancs, les avenues, les jardins par lesquels je suis arrivé. Des nuages de feu de Bengale embrouillent devant moi tous les lointains, confondent toutes les perspectives — déjà compliquées par la hauteur d'où je regarde. Un gigantesque transparent, suspendu on ne sait comment dans l'air, porte une inscription arabe brillante sur un fond couleur de nuit; avec toutes les fantasmagories éblouissantes qui rendent la vue imprécise, il est impossible de deviner à quelle distance cette inscription aérienne est placée : elle paraît grande et lointaine comme un signe du ciel ; elle préside à cette fête de lumières; c'est elle qui lui donne son caractère musulman, son caractère sacré. — Et au delà encore, on distingue des coins de vrais lointains ; sur une vague étendue noire, qui doit être le Bosphore, posent de petits objets brillants, d'une forme spéciale—qui sont des navires illuminés jusqu'aux pointes de leurs mâts...

Directement au-dessous de moi, la superbe armée, toujours immobile et recueillie, suit en esprit les prières qui se chantent dans la lumineuse mosquée d'en face. Il semble qu'en ce moment l'âme de l'Islam se soit concentrée dans ce blanc sanctuaire. Oh! ces chants, qui vibrent sous cette coupole, monotones comme des incantations de magie et d'une sonorité si belle et si rare ! Voix d'enfants ou voix d'anges, on ne sait trop. C'est aussi quelque chose de très oriental : cela se maintient sans fatigue dans des notes surélevées, tout en restant d'une inaltérable fraîcheur de hautbois; c'est long, long, sans cesse recommencé ; c'est très doux, très berceur; et pourtant cela exprime avec une infinie tristesse le néant humain, cela donne le vertige des grands abîmes.

. . . .

Cependant le Sultan va sortir. Les troupes frémissent d'un léger mouvement attentif. Un landau attelé de chevaux de parade — qui trottent tout cabrés, tout debout — vient se ranger devant les marches de marbre de la mosquée, sur lesquelles on a jeté des tapis rouges; en même temps, une trentaine de serviteurs accourent, chacun portant une de ces énormes lanternes de soie blanche, d'un mètre de haut, qui sont d'étiquette depuis un temps immémorial pour les sorties nocturnes des Califes. Sous la coupole, le chœur religieux chante plus vite et plus fort, dans l'exaltation finale....

Allah! voici le Sultan! Le palais, les jardins, le ciel s'embrasent d'un feu plus clair. Le canon tonne comme un grand orage, et toutes les troupes, inclinées jusqu'à terre, crient-ensemble, avec leurs milliers de voix : « Allah ! Allah ! » en longue clameur profonde.....

Pour franchir les cent mètres qui séparent la mosquée des portes du palais, le landau a pris le galop de course, emportant le Souverain; derrière lui, d'autres voitures magnifiques galopent aussi, ramenant les princesses, voilées, qui ont assisté à la prière; les serviteurs, affolés, courent alentour, agitent leurs grandes lanternes blanches, et les troupes se referment sur ce cortège avec un cliquetis d'armes. C'est fini...

A la suite d'un aide de camp, je traverse des salons, des couloirs aux murailles et aux colonnes de nuances claires et légèrement dorées. Il y a ici, à Yeldiz, une grande sobriété d'ornementation et comme une trêve de luxe : le Souverain, qui possède, le long du Bosphore, des palais de fées dans des sites incomparables, préfère, pour son travail et pour son repos, la simplicité relative de cette résidence, qu'il a fait construire lui-même à côté d'un grand parc d'ombre.

Me voici enfin dans une sorte d'immense antichambre de cour, également simple, dont le seul luxe consiste en tapis magnifiques étouffant le bruit des pas. Elle est, ce soir, peuplée de généraux, d'aides de camp de toutes armes, en grand uniforme, les uns portant la longue tunique droite, les autres le dolman oriental à grandes manches flottantes, les uns coiffés du fez rouge, les autres du bonnet d'astrakan noir. Ils ont très grand air guerrier; leur assemblée, à ce seuil des appartements impériaux, est plus imposante que toutes les magnificences — et parmi eux, voici l'héroïque figure d'Osman le Ghazi, le défenseur superbe de

Plevna. Tous sont debout, parlant à voix basse — ce qui semble indiquer le voisinage très proche du Souverain.

En effet, dans un petit salon latéral où me conduit le grand maître des cérémonies, se tient Sa Majesté le Sultan, seul, assis sur un canapé. Il porte un uniforme de général, que recouvre une capote militaire en drap brun, et rien d'extérieur ne le distingue des officiers de son armée.

Il y avait très longtemps que je n'avais eu l'honneur de voir Sa Majesté, et, tandis que je m'incline pour le salut de cour, je songe tout à coup, avec un peu de mélancolie, à une première entrevue irrégulière, dont le Souverain évidemment ne peut avoir gardé aucun souvenir...

C'était il y a tantôt quinze ans, sur le Bosphore, le matin de son avènement au trône — un de ces matins de clair soleil qui, revus au fond du passé, nous semblent plus lumineux que ceux de nos jours. Les grands caïques impériaux, à éperon d'or, étaient venus le prendre à la pointe du Vieux-Sérail pour le conduire au palais de Dolma-Bagtché ; c'était de très bonne heure, il n'y avait aucune foule sur la mer, ni du reste aucune garde autour du cortège, et mon caïque, à moi qui passais là sans savoir, avait, par une maladresse de nos bateliers, abordé le sien : alors le jeune prince, qui allait tout à l'heure devenir le Calife suprême, avait machinalement jeté sur moi un de ces regards distraits qui ne voient pas, son œil noir paraissant plonger avec anxiété dans les choses de l'avenir...

Hélas! l'avenir de ce jour-là est devenu le passé d'aujourd'hui, et cette image, évoquée dans ma mémoire, me fait mesurer soudainement l'abîme de temps mort qui déjà nous sépare, l'un et l'autre, de cette matinée de soleil et de prime jeunesse...

L'accueil du Sultan pour ses hôtes est toujours d'une bienveillance exquise, d'une distinction très simple, d'une bonne grâce toute naturelle. Ils resteront pour moi inoubliables, les instants de ce soir-là pendant lesquels j'ai eu l'honneur de causer avec le Souverain — dans le calme un peu étrange de ce petit salon très sobrement meublé, très quelconque en somme, mais dont le seuil était si glorieusement gardé par ces chefs militaires parlant à voix basse, et dont les fenêtres s'ouvraient sur le tumulte lointain de la grande ville en fête, sur le ciel tout clair de feux de Bengale et de lueurs d'incendie.

Assuré d'être compris et d'être excusé avec la plus charmante indulgence, j'ai osé dire tout mon regret mélancolique de voir s'en aller les choses anciennes, de voir s'ouvrir et se transformer le grand Stamboul.

Mais j'ai arrêté là ma plainte d'artiste; ce

que j'aurais aimé y ajouter, un passant comme moi ne peut se permettre de le faire dans une causerie avec un souverain, même pendant la plus gracieuse des audiences.

Pauvre grande Turquie, si fière à l'époque où la foi, le rêve sublime et la noble bravoure personnelle faisaient la force des nations, comment sera-t-elle bientôt, entraînée fatalement dans l'universelle banalité moderne, aux prises avec les mille petites choses mesquines, pratiques, utilitaires, qu'elle pouvait dédaigner jadis? Comment sera-t-elle, surtout quand ses fils ne croiront plus?

En exprimant mon attachement si profond pour ce peuple brave, j'aurais été tenté pourtant de laisser paraître un peu de mon inquiétude attristée, — d'essayer de savoir si le Calife, au delà des transitions effroyables du présent, entrevoit quelque mystérieuse aurore de temps nouveaux, que mes yeux moins clairs ne peuvent pas distinguer encore.

. . . .

Jeudi 15 mai 1890. — C'est le matin, l'extrême matin frais et pur.

Je m'éveille, non pas dans mon logis avoué de Péra, mais en plein Stamboul, dans une quelconque de ces petites auberges où l'on dort par terre, tout habillé, sur des matelas blancs.

Parti hier au soir très tard du palais impérial, j'ai jeté à l'hôtel, en passant, mes habits de gala, et vite m'en suis venu ici, sur l'autre rive de la Corne-d'Or, pour me mêler encore une fois à la fête nocturne des rues. — Puis, les derniers feux du Ramadan s'éteignant sur les minarets, je suis entré au hasard dans le gîte le plus proche, pour dormir.

Aucune horloge ne sonne, la nuit, dans

ces quartiers de Stamboul, et, au réveil, j'ai l'inquiétude de l'heure, un aide de camp de Sa Majesté devant venir me prendre là-bas dans mon appartement officiel pour me faire visiter les trésors des Sultans.

La porte de l'auberge franchie, c'est dehors un enchantement de vivre, une ivresse de respirer. Les vieilles petites rues, où personne ne passe, s'éclairent joyeusement à l'éternel soleil comme pour quelque fête de jeunesse ne devant jamais finir. Oh! la pureté rare de ce matin du mois de mai oriental, la fraîcheur toute neuve et vivifiante de cet air et de cette lumière!...

Redescendu près de la Corne-d'Or, j'arrive à cette place aux antiques platanes que la mosquée de la Valideh domine d'un côté de sa haute masse grise, de ses minarets et de ses dentelures arabes. Sur les autres faces, il y a des berceaux de vigne, de petits cafés, de petites boutiques de barbiers et de marchands de babouches; tout cela très vieux et très oriental, nullement dérangé et pouvant aussi bien être à Ispahan ou à Bagdad.

Sur cette place, encore plus que dans les rues, il est délicieux, cet extrême matin de mai. Le soleil levant dore la mosquée, dore par en-dessous les frais platanes; il y a dans l'air une buée blanche qui est comme le voile virginal du jour. Les petits cafés turcs commencent à s'ouvrir, et deux ou trois bonshommes se font déjà raser par les barbiers, en plein air, sous les arbres.

Il doit être de très bonne heure évidemment, et j'ai le temps de m'arrêter ici avant de rentrer à Péra. Sous des treilles je m'assieds, demandant un café, avec ces petits bonbons chauds que l'on vend ici le matin aux bonnes gens du peuple, et tout cela me paraît meilleur que le plus raffiné des déjeuners. — Il semble que l'on sente en soi-même monter ce renouveau de vie qui resplendit partout au dehors, rajeunissant les choses centenaires d'alentour.

Environ deux heures après, vers huit heures, une voiture me ramène encore à Stamboul, dans une tenue très différente, en compagnie d'un aide de camp de Sa Majesté; et, dans un quartier solennel, désert, où l'herbe pousse entre les pavés, notre cocher nous arrête devant une enceinte effroyable, comme celles des forteresses du moyen âge.

Ces murs enferment un petit recoin de la Terre qui est absolument spécial, unique, qui est une pointe extrême de l'Europe orientale, un promontoire avancé vers l'Asie voisine, et qui, de plus, fut, pendant des siècles, la résidence des Califes, un lieu d'incomparable splendeur. Avec le saint faubourg d'Eyoub, c'est ce qu'il y a de

plus exquis à Constantinople : c'est le
« Vieux-Sérail » — un nom qui évoque à
lui seul un monde de rêves...

On nous ouvre dans ces murs une porte
de citadelle, et alors, sitôt que l'enceinte est
franchie, la mélancolie délicieuse des choses
intérieures nous est révélée, le passé mort
nous prend à lui et nous enveloppe de son
suaire.

D'abord du silence et de l'ombre. Des
cours vides, désolées, où l'herbe des lieux
abandonnés pousse entre les dalles, et où
vivent encore des arbres centenaires, contemporains des magnifiques Sultans d'autrefois : cyprès noirs hauts comme des tours,
platanes qui ont pris des formes inusitées,
tout creusés par le temps, ne se soutenant
plus que sur de monstrueux lambeaux d'écorce et s'inclinant comme des vieillards.

Puis viennent des galeries, des colonnades en style turc ancien ; la véranda, encore peinte d'étranges fresques, sous laquelle le grand Soliman daignait faire entrer les ambassadeurs des rois d'Europe... Et ce lieu, heureusement, ne s'ouvre guère aux visiteurs profanes, n'est pas encore une vulgaire promenade de touristes; derrière ses hautes murailles, il garde un peu de mystérieuse paix, il est tout empreint de la tristesse des splendeurs mortes.

Traversant ces premières cours, nous laissons sur la droite d'impénétrables jardins, où l'on voit émerger, d'entre les bouquets de cyprès, de vieux kiosques aux fenêtres fermées : résidences de veuves impériales, de princesses âgées qui viennent finir là leurs jours dans une retraite austère, au milieu d'un des sites les plus admirables du monde.

Elle est tout ensoleillée, tout éblouissante de tranquille lumière, la dernière partie de ce lieu muré où nous voici parvenus : la pointe finale du Vieux-Sérail — et de l'Europe. C'est une esplanade solitaire, très élevée, très blanche, dominant les lointains bleus de la mer et de l'Asie. Le clair soleil du matin inonde là-bas ces profondeurs d'espace, où des villes, des îlots, des montagnes, s'esquissent en teintes légères au-dessus de la nappe immobile de Marmara.

Il y a autour de nous d'antiques constructions, également blanches, qui contiennent tout ce que la Turquie possède de plus précieux et de plus rare :

D'abord le kiosque, interdit aux infidèles, où le manteau du Prophète est conservé dans une housse brodée de pierreries ;

Puis le kiosque de Bagdad, entièrement revêtu à l'intérieur de ces faïences persanes d'autrefois, qui sont sans prix aujourd'hui : les branches de fleurs rouges y étaient faites avec du corail, qu'on liquéfiait par un procédé perdu et qu'on étendait comme une peinture ;

Puis le Trésor impérial, très blanc lui aussi sous ses couches de chaux, et grillé comme une prison, dont on m'ouvrira tout à l'heure les portes de fer.

Et enfin un palais inhabité, mais entretenu minutieusement, où nous allons entrer nous asseoir. Des marches de marbre blanc nous mènent aux salons du rez-de-chaussée. qui ont dû être meublés vers le milieu du siècle dernier dans le goût européen d'alors. Ils sont d'un style Louis XV auquel un imperceptible mélange d'étrangeté orientale donne un charme à part. Des boiseries blanches et or, des lampas vieux-cerise ou vieux-lilas à fleurs blanches ; rien que des nuances claires, adoucies par le temps. De grands vases de Sèvres et de Chine, très peu d'objets, mais tous anciens et rares. Beaucoup d'espace, d'air, de clarté ; une tranquille symétrie dans l'arrangement des choses — qu'on devine habituées à l'immobilité, à l'abandon.

Et là, dans cette sorte de solitude somptueuse, assis sur ces fauteuils d'un rose délicieusement pâli, devant les larges fenêtres ouvertes, nous avons, de ce dernier promontoire de l'Europe, la vue splendide qui charma les Sultans de jadis. A notre gauche et très bas sous nos pieds, le Bosphore se déroule sillonné de navires et de caïques; les blancheurs des quais de marbre s'y reflètent; les blancheurs des nouvelles résidences impériales, Dolma-Bagtché et Tchéragan, s'y renversent en longues traînées pâles; la série des palais et des mosquées s'échelonne magnifiquement sur ses rives. En face, c'est l'Asie, encore bleuâtre dans un reste de buée matinale; c'est Scutari, avec ses dômes et ses minarets, avec son immense Champ-des-Morts, sa forêt de cyprès sombres. A droite, les étendues infinies de Marmara; — de lointains paquebots s'y promènent, perdus dans tout ce bleu diaphane, petites silhouettes grises, traînant des fumées...

Comme il était bien choisi, le lieu, pour dominer, pour surveiller de haut cette Turquie, assise superbement sur deux des parties du monde! Et aujourd'hui quelle paix ici et quelle mélancolique splendeur, dans cet isolement si complet des modernes agitations de la vie, dans ce grand silence d'abandon, sous ce clair et morne soleil!...

Lorsque le gardien des Trésors — vieillard à barbe blanche — se dispose, avec ses grosses clefs, à nous ouvrir la porte de fer, vingt personnages assermentés viennent former la haie, dix à droite, dix à gauche, de chaque côté de cette entrée — ce qui est une obligation d'étiquette.

Nous passons au milieu de leur double

file, et nous pénétrons dans des salles un peu obscures, où ils nous suivent tous.

Jamais caverne d'Ali-Baba ne fut remplie de telles richesses! — Depuis huit siècles on a entassé ici des pierres introuvables et les plus étonnantes merveilles d'art. A mesure que nos yeux, reposés du soleil de dehors, se font à la pénombre intérieure, les diamants commencent d'étinceler partout. Les choses sans âge et sans prix sont, à profusion, classées par espèces sur des étagères. Des armes de toutes les époques, depuis Tchengis-Khan jusqu'à Mahmoud ; des armes d'argent et d'or surchargées de pierreries. Des collections de coffrets d'or de toutes les grandeurs et de tous les styles, les uns couverts de rubis, les autres de diamants, les autres de saphirs ; quelques-uns même, taillés dans une seule émeraude grosse comme un œuf d'autruche. Des services à café, des buires, des aiguières de formes antiques et exquises. Et des étoffes de fées; des selles, des harnais, des houssines de parade pour les chevaux, en brocarts d'argent et d'or, brodés et rebrodés de fleurs en pierres précieuses; des trônes très larges, faits pour s'y asseoir les jambes croisées : celui-ci tout en rubis et perles fines, qui donnent ensemble un éclat rose; celui-là entièrement revêtu d'émeraudes et brillant d'un reflet vert, comme ruisselant d'eau marine.

Dans la dernière salle nous attend, derrière des vitres, une immobile et effroyable compagnie : vingt-huit poupées macabres de grandeur humaine, debout, droites, alignées militairement et se touchant les coudes. Elles sont coiffées toutes de ce haut turban en forme de poire dont l'usage s'est perdu depuis un siècle et qu'on ne voit plus que posé sur les catafalques des grands personnages défunts, dans le demi-jour des kiosques funéraires, ou bien sculpté sur les tombes — tellement, que ce turban-là est absolument lié pour moi à l'idée de la mort. Jusqu'au commencement de ce siècle, chaque fois que mourait un Sultan, on apportait ici une poupée qu'on habillait avec les vêtements de gala du souverain passé, on lui mettait à la ceinture ses armes merveilleuses, on la coiffait de son turban et de sa magnifique aigrette de pierreries, — et elle restait ainsi, pour jamais, couverte de ces richesses éternellement perdues. Les vingt-huit Sultans, qui se sont succédé depuis la prise de Constantinople jusqu'à la fin du xviiie siècle, ont dans cette salle leur simulacre debout, en tenue de parade ; lentement, la sombre et somptueuse assemblée s'est accrue, les nouvelles poupées funèbres venant une à une se ranger dans l'alignement des anciennes qui les attendaient là depuis des centaines d'années, sûres de les voir venir — et ils se touchent les coudes à présent, tous ces fantômes qui ont régné à des siècles d'intervalle, mais que le temps rapprochés dans le même pitoyable non-être.

Leurs longues robes sont des plus étranges brocarts, aux grands dessins mystérieux, aux nuances éteintes par la durée; des poignards sans prix, aux larges pommeaux faits d'une seule pierre précieuse, se rouillent, malgré les soins, dans les soies des ceintures; il semble même que les énormes diamants des aigrettes aient à la longue adouci leurs feux, brillent d'un éclat jaune et fatigué.

Et ce luxe inouï, saupoudré de poussière, est triste à regarder. Fabuleusement magnifiques, les poupées à haute coiffure, objets de tant de convoitises humaines, surveillées là derrière de doubles portes de fer, inutiles et dangereuses, voient passer les saisons, les années, les règnes, les révolutions, les siècles, dans la même immobilité et le même silence, tout le jour à peine éclairées à travers le grillage des vieilles fenêtres, et sans lumière dès que le soleil se couche... Chacune porte son nom, écrit comme un mot banal sur une étiquette fanée — des noms illustres et jadis terribles : Mourad le Conquérant, Soliman le Magnifique, Mohamed et Mahmoud... Je crois qu'elles me donnent, ces poupées, la plus terrifiante leçon de fragilité et de néant...

A l' « échelle » du Vieux-Sérail, nous attend un grand caïque du palais, à huit paires de rames, et nous descendons nous y étendre sur des coussins : elle est particulière à la Turquie cette façon de naviguer à demi couché, les yeux au niveau de l'eau sur laquelle on glisse.

Les rameurs portent tous la traditionnelle chemise en gaze de soie blanche, ouverte sur leur poitrine basanée : impassibles, noircis de soleil, ils ont l'air d'être en bronze avec des dents de porcelaine.

Le Bosphore, tranquille, miroite sous une lumière ardente.

Nous passons très au large des paquebots, des fumées, de tout ce qui, en face de la Corne-d'Or, encombre et salit la mer.

En deux ou trois endroits, à Dolma-Bagtché sur la rive d'Europe, à Belerbey sur la rive d'Asie, nous accostons à des quais de marbre d'un blanc immaculé, devant des palais déserts aux grilles blanches et dorées. C'est le grand charme unique de ces résidences du Sultan, leur neigeuse blancheur tout au bord de l'eau bleue.

Au dedans de ces palais inhabités, dont les gardiens nous ouvrent les portes, beaucoup de magnificence : des forêts de colonnes de toutes couleurs, des fouillis de torchères et de girandoles, des plafonds très compliqués en style oriental, des brocarts lamés et des soies de Brousse. — Mais personne dans ces salles de parade, au milieu de ce luxe si frais, entretenu avec tant de soin. Le Souverain et sa cour n'y viennent même plus.

Il est environ midi quand nous rentrons au palais de Yeldiz, après cette rapide visite aux autres résidences impériales.

A Yeldiz, une impression de calme extrême, de sérénité et de silence. Nous sommes encore en Ramadan, époque de retraite, de prière, et, dans la maison de Sa Majesté le Sultan, plus encore que partout ailleurs, on observe rigoureusement le jeûne, qui, pendant ce mois religieux, ne doit être rompu qu'après le coucher du soleil. Pour moi seul, qui ne suis pas astreint à la loi mahométane, un déjeuner est servi; mais voici que je me sens très confus de me mettre à table dans ce palais où l'on ne mange pas : pour la première fois de ma vie, déjeuner me paraît presque une inconvenance, une grossièreté d'Occident.

J'ai d'ailleurs beaucoup mieux à faire. Sur les feuillets dorés d'un block-notes qu'un interprète m'a apporté, il m'est permis encore de transmettre un peu de ma pensée écrite au Souverain, aujourd'hui invisible, mais dont on devine la présence très proche. — Et j'admire que Sa Majesté, entre les mille occupations dévorantes de la vie du trône, puisse encore n'être étranger à rien en fait de littérature et d'art.

Les fenêtres ouvertes laissent entrer à flots de la lumière et du silence; des rayons du soleil de mai courent sur les murs blancs, sur les brocarts clairs des meubles. La vue est, au premier plan, sur des jardins fleuris, puis sur des lointains profonds: toujours ces échappées charmantes de mer et d'Asie, qu'on a de partout dans cette ville bâtie en terrasse, balcon avancé de l'Europe.

La mosquée impériale est là aussi, tout près, montrant son dôme ajouré. Et, tout en fumant les plus exquises cigarettes blondes, je cause des chants religieux d'hier au soir avec Son Excellence le Grand Vizir — qui sait être à volonté le plus courtois et le plus raffiné des Français.

« Approchez-vous d'une fenêtre, me dit-il, pour écouter la voix incomparable qui va dans un instant chanter la prière. »

En effet, au milieu du tranquille silence extérieur, tout à coup la voix s'élève, délicieusement sonore; elle a le mordant d'un hautbois et la pureté céleste d'un orgue d'église; avec une sorte de détachement inexpressif, comme en sommeil et en rêve, elle jette la prière musulmane aux quatre coins du ciel bleu... Et alors une intense impression d'Islam revient me faire frissonner jusqu'aux cordes profondes ; dans ce salon gai et clair, qui aurait aussi bien pu être ailleurs, en un château quelconque de France, je l'avais peu à peu perdue, cette impression-là, qui est pour moi infiniment mélancolique, à la fois berceuse et angoissante, sans que j'aie jamais pu la bien définir.

Encore plus beau que cette voix d'or, qui vibre aujourd'hui toute jeune et puissante, mais qui demain passera, encore plus beau est ce chant presque immortel qui, depuis des siècles, cinq fois par jour, plane sur les villes et la terre turques. Il symbolise toute une religion, tout un mysticisme calme et fier ; il est la plainte et l'appel jetés vers en-haut, par ces frères d'Orient qui savent mieux garder que nous les vieux rêves consolateurs, qui marchent encore les yeux fermés pour ne pas voir le gouffre de poussière, et s'endorment dans les mirages magnifiques... Tant que cette prière continuera de faire courber les têtes alentour des mosquées, la Turquie aura toujours ses mêmes soldats superbes, aussi insouciants de mourir.....

CHARMEURS DE SERPENTS

CHARMEURS DE SERPENTS

A Tétouan, la ville blanche, c'était le printemps, le crépuscule de mai, la paix des immobiles soirs roses. Sur les terrasses, sur les vieux petits dômes, sur l'ensemble des vieilles petites maisons centenaires, s'étendait la blancheur infinie des chaux ; partout s'étendait le mystère de ce même linceul blanc. De lents promeneurs, vêtus de nuances exquises, passaient en regardant dans leur rêve, et leurs longs yeux noirs, magnifiques, ne semblaient pas voir les choses de la terre. Le couchant éclairait d'or, éclairait rose, et, dans les replis des vieilles maisons presque sans forme et sans âge, les chaux peu à peu bleuissaient comme des neiges à l'ombre. Il y avait des passants jaune d'or, vert pâle ou couleur de saumon; des passants bleus et des passants roses; d'autres, qui avaient choisi de plus rares et d'indicibles teintes; tous majestueux et graves, visage de bronze et regard intensément noir. Çà et là, des touffes de fraîches plantes de printemps, des coquelicots, des résédas, des boutons d'or, éclataient, posés et fleuris au hasard, sur les vieux murs, sur la neige bleuâtre des vieux murs. Mais le blanc mort des chaux dominait tout; il semblait éclairer et renvoyer de la lumière atténuée vers le profond ciel doré qui en était déjà rempli. Nul part n'existaient d'ombres dures, ni de contours accusés, ni de couleurs sombres; sur cette blancheur de tout, les êtres vivants, qui se mouvaient avec lenteur, ne faisaient passer que des teintes claires, étrangement claires, fraîches comme dans des visions non terrestres; tout était adouci et fondu dans de la tranquille lumière; il n'y avait de noir que tous ces grands yeux de rêveurs...

D'un peu loin on entendait préluder la flûte triste, triste, et le tambourin sourd des charmeurs de serpents. Alors, les lents promeneurs, qui d'abord marchaient sans but dans ce blanc dédale, se dirigeaient peu à peu vers le même point, répondant à l'appel de cette musique.

A un grand carrefour, au faîte de la ville, ces charmeurs s'étaient placés. On voyait de là, dans des profondeurs qui bleuissaient, des successions de lignes blanches presque sans contours, qui étaient des terrasses; quelque chose comme un éboulement de blocs de neige, qui était Tétouan à demi perdu dans la vapeur du soir de mai.

Les hommes aux longs vêtements faisaient cercle autour des charmeurs. Et les charmeurs, nus et fauves, chantaient et dansaient en agitant leur chevelure bouclée, dansaient comme leurs serpents, en tordant leur buste souple, d'après leur musique de flûtes. Et tout était beau, depuis le ciel jusqu'au plus humble chamelier aux bras de bronze, qui regardait en rêvant, sans voir.

Et moi, je restais là au milieu d'eux, n'appréciant plus les durées, charmé comme eux, et, par hasard, me reposant un peu parmi ces immobiles, ignorants des heures qui passent. Et ces tambourins, ces flûtes tristes — et toute cette Afrique — exerçaient sur moi leur charme berceur, aussi magiquement qu'autrefois, dans mes plus lointaines années jeunes...

Vraiment, c'est toujours ce pays qui me chante, sur le rythme le plus doux, l'universelle chanson de la mort

UNE PAGE OUBLIEE
DE
MADAME CHRYSANTHÈME

UNE PAGE OUBLIÉE

DE MADAME CHRYSANTHÈME

Nagasaki, dimanche 16 septembre 1885.

Depuis la veille, j'avais décidé d'aller avec Yves au temple de « Taki-no-Kanon », un lieu de pèlerinage situé à six ou sept lieues d'ici, dans les bois.

A dix heures du matin, par un soleil déjà brûlant, nous nous mettons en route dans des chars à djins, emmenant une relève de coureurs choisis, trois hommes pour chacun de nous, et des éventails.

Nous voilà bientôt hors de Nagasaki, roulant grand train dans la verte montagne, montant, montant toujours. D'abord nous suivons un torrent large et profond, dans le lit duquel des blocs de granit se dressent partout comme des menhirs, les uns naturels, les autres érigés de main d'homme et vaguement taillés en forme de dieux; au milieu des verdures et de l'eau jaillissante, on les voit surgir, simples rochers quelquefois, ou bien fantômes gris, ayant des embryons de bras et des ébauches de figures.

— Les Japonais ne peuvent laisser la nature naturelle; jusque dans ses recoins sauvages, il faut qu'ils lui impriment une certaine préciosité mignonne ou bien qu'ils l'arrangent en cauchemar, en grimace. — Nous roulons très vite, très vite, secoués, balancés; même sur les pentes raides, les jarrets de nos coureurs ne faiblissent pas, et nous continuons de nous élever par une route en zigzags de serpent.

Une route aussi belle que nos routes de France, — avec des fils télégraphiques, dont la présence surprend au milieu de ces arbres inconnus.

Vers midi, à la rage ardente du soleil, arrêt dans une maison-de-thé, — qui est au bord du chemin, hospitalière, dans un renfoncement ombreux et frais de la montagne. Une source bruissante est amenée dans la maison même, paraît sortir, comme par miracle, d'un vase en bambou, puis tombe dans un bassin où sont tenus, sous l'eau claire, des œufs, des fruits, des fleurs. Nous mangeons des pastèques roses, refroidies dans cette fontaine et ayant un goût de sorbet.

Repris notre route.

Nous arrivons maintenant tout en haut de cette chaîne de montagnes qui entoure Nagasaki comme une muraille. Bientôt nous allons découvrir le pays au delà. Pour le moment nous courons dans des régions élevées, où tout est vert, admirablement vert. Les cigales font partout leur grande musique et de larges papillons volent au-dessus des herbages.

On sent bien pourtant que ce n'est pas l'éternelle quiétude chaude, morne, des pays des tropiques. Non, c'est la splendeur de l'*été*, de l'été des régions tempérées ; c'est la verdure plus délicate des plantes annuelles qui poussent au printemps ; ce sont les fouillis d'herbes hautes et frêles qui, à l'automne, vont mourir ; c'est le charme plus éphémère d'une saison comme les nôtres ; — l'accablement délicieux de nos campagnes à nous, par les brûlantes après-midi de septembre. Ces forêts, suspendues aux pentes des collines, jouent, dans les lointains, celles d'Europe ; on dirait nos chênes, nos châtaigniers, nos hêtres. Et ces petits hameaux, aux toits de chaume ou de tuiles grises, qui apparaissent çà et là groupés dans les vallées, ne dépaysent pas, ressemblent aussi aux nôtres. Le Japon n'est plus indiqué par rien de précis, — et maintenant ces lieux me rappellent certains sites ensoleillés des Alpes ou de la Savoie.

De très près seulement, les plantes étonnent, presque toutes inconnues; les papillons qui passent sont trop grands, trop bizarres; les senteurs diffèrent. Et puis, dans ces villages aperçus au loin, on cherche des yeux quelque église, quelque vieux clocher comme dans notre Europe, et on n'en découvre nulle part. Aux coins des routes, ni croix ni calvaires. Non, sur les tranquillités de ces campagnes, sur leur sommeil silencieux de midi, veillent des dieux étranges qui nont pas de parenté avec ceux d'Occident...

Ayant atteint le point supérieur de cette première muraille de montagnes, nous voyons, de l'autre côté, s'ouvrir en avant de nous une plaine immense, unie comme un steppe vert tout en velours, avec une baie lointaine où la mer vient mourir.

Par des chemins en lacets qui fuient devant nous, il va falloir descendre dans cette plaine, disent nos djins, la franchir tout entière, — et dépasser encore ces collines qui sont au bout, fermant notre grand horizon.

Cela nous effraie; jamais nous ne nous serions figuré que c'était si loin, ce temple... Comment ferons-nous pour être de retour cette nuit?

Arrivés au bas des lacets rapides, nous faisons halte dans un bois de très haute futaie, où se tient à l'ombre un vieux temple en granit, d'aspect sournois, consacré au dieu du riz. Sur l'autel, il y a des renards blancs, assis dans une pose hiératique et montrant leurs dents par un méchant rictus. — Des petits ruisseaux clairs circulent sous les arbres de ce bois, dont le feuillage est immobile et noir.

Une bande de porteurs et de porteuses vient faire halte avec nous dans ce lieu frais : très bruyante et enfantine compagnie, vêtue de loques misérables en coton bleu. Parmi eux, des *mousmés* bien jolies, porteuses aussi par métier, ayant les hanches solides et la figure cuivrée. Ils sont une cinquantaine pour le moins, tenant des fardeaux dans des paniers au bout de longues hampes : c'est un convoi de marchandises, une caravane humaine. On en rencontre ainsi beaucoup sur les routes de cette île de Kiu-Siu, où ne circulent ni chevaux ni voitures, et pas encore de chemins de fer comme à Niphon, la grande île très civilisée.

A travers la plaine, nos djins reposés nous roulent avec une extrême vitesse, en courant à toutes jambes. Ils enlèvent un à un leurs vêtements qui les gênent, et ils les déposent, trempés de sueur, dans nos petits chars, sous nos pieds.

C'est une rizière immense que nous franchissons ainsi, au grand éclat blanc du soleil de midi suspendu seul au beau milieu d'un ciel sans nuage. Une rizière unie, d'une couleur tendre et printanière, entretenue par des milliers d'invisibles petits canaux d'eau courante ; autour de nous, elle est vide et monotone autant que le ciel tendu sur nos têtes, et aussi verte qu'il est bleu.

La route est belle toujours, et ces surprenants fils de télégraphe continuent de courir au bord, accrochés à des poteaux comme chez nous. Avec cette ceinture de montagnes éloignées qui nous entourent, un peu voilées dans un brouillard de soleil, on dirait de plus en plus un site d'Europe : les plaines de la Lombardie, par exemple, ses pâturages uniformes, avec les Alpes à l'horizon. Seulement, il fait plus chaud.

Notre troisième halte est au bout de ce steppe, au bord d'un torrent, à l'entrée d'un grand village, dans une maison-de-thé.

Nos djins, pour se réconforter, se font servir des platées de riz cuit à l'eau et les mangent à l'aide de baguettes avec une grâce féminine. Les gens s'attroupent autour de nous ; des mousmés, en grand nombre, nous examinent avec des curiosités polies et souriantes. Bientôt tous les bébés du lieu sont assemblés aussi pour nous voir.

Il y en a un, de ces bébés jaunes, qui nous fait une grande pitié ; un enfant hydropique, ayant une jolie figure douce. Il tient à deux mains son petit ventre nu, tout gonflé, qui sûrement le fera bientôt mourir.

Nous lui donnons des sous nippons et

alors un sourire de joie, un regard de reconnaissance profonde nous sont adressés par ce pauvre petit être qui ne nous reverra jamais et qui certainement va rentrer sous peu dans la terre japonaise.

Les maisonnettes de ce village sont pareilles à celles de Nagasaki, en bois, en papier, avec les mêmes nattes bien propres. Le long de la grande rue, il y a des boutiques où l'on vend différentes petites choses amusantes, et beaucoup d'assiettes, de tasses et théières ; mais, au lieu de grosse poterie comme dans nos campagnes, tout cela est en fine porcelaine ornée de gentils dessins légers.

Nous traversons une autre chaîne de collines, plus basses, et nous voici dans une autre plaine, avec des rizières encore, des fossés remplis de roseaux et de lotus. Nos djins, qui ont fini leur déshabillement progressif, sont nus à présent. La sueur ruisselle sur leur peau fauve. L'un des miens, qui est de la province d'Ouari renommée pour ses tatoueurs, a le corps littéralement couvert de dessins d'une étrangeté raffinée. Sur ses épaules, d'un bleu uniformément sombre, court une guirlande de pivoines d'un rose éclatant et d'un dessin exquis. Une dame en costume d'apparat occupe le milieu de son dos, et les vêtements brodés de cette singulière personne descendent le long de ses reins jusqu'à ses vigoureuses cuisses de coureur.

Au bord d'un autre torrent nos djins s'arrêtent, légèrement essoufflés, et nous prient de descendre. Le chemin cesse d'être carrossable; il va falloir passer à gué sur des pierres et continuer à pied, par des sentiers qui tout à l'heure s'enfonceront dans la montagne et dans les bois.

L'un d'eux reste là, préposé à la garde des chars ; les autres nous suivent pour nous guider.

Bientôt nous voilà grimpant, sous une ombre épaisse, parmi les rochers, les racines, les fougères, dans des petits sentiers de forêt. Quelque vieille idole de granit se dresse de loin en loin, rongée, moussue, informe, nous rappelant que nous sommes sur le chemin d'un sanctuaire...

... Je me sens très incapable d'exprimer l'émotion de souvenir, inattendue, poignante, qui me vient tout à coup dans ces sentiers pleins d'ombre. Cette nuit verte sous des arbres immenses, ces fougères trop grandes, ces senteurs de mousses, et, en avant de moi, ces hommes dont la peau est d'une couleur de cuivre, tout cela brusquement me transporte à travers les années et les distances, en Océanie, dans les grands bois de Fata-hua, jadis familiers... En différents pays du monde, où j'ai promené ma vie depuis mon départ de l'*île délicieuse*, j'ai éprouvé déjà souvent de ces rappels douloureux, me frappant comme une lueur d'éclair et puis s'évanouissant aussitôt pour ne plus me laisser qu'une angoisse vague, — fugitive aussi...

Mais le trouble qui se fait en dedans de moi-même, au souvenir de cet indicible charme polynésien, est localisé dans des couches profondes, antérieures peut-être à mon existence actuelle. Quand j'essaie d'en parler, je sens que je touche à un ordre de choses à peine compréhensibles, ténébreuses même pour moi...

Plus loin, dans une région plus élevée de la montagne, nous pénétrons sous une futaie de cryptomérias (les cèdres japonais). Le feuillage de ceux-ci est grêle, rare et d'une nuance sombre; ils sont si pressés, si hauts, si minces, si droits, qu'on dirait d'un champ de roseaux gigantesques. Un torrent d'eau très froide coule à grand bruit sous son ombre, dans un lit de pierres grises.

Enfin des marches apparaissent devant nous; puis un premier portique, déformé par les siècles, et nous entrons dans une sorte de cour, encaissée entre des rochers et remplie d'herbes folles, où sont des dieux monolithes, à haute coiffure, à visage taché de lichen, assis en rang comme pour tenir conseil.

Un second portique vient après, en bois de cèdre, d'une forme compliquée et très cornue. A droite et à gauche, chacun dans sa cage grillée de fer, les deux gardiens inévitables de toutes les entrées de temple : le monstre bleu et le monstre rouge, essayant encore de menacer avec leurs vieux bras vermoulus, d'effrayer avec leurs vieux gestes de fureur. Ils sont criblés de prières sur papier mâché, que des pèlerins, en passant, leur ont jetées; ils en ont partout, sur le corps, sur la figure, dans les yeux, les rendant plus horribles à voir.

La seconde cour, plus encaissée encore, a, comme la première, un aspect d'abandon, de ruine. C'est une sorte de préau solitaire et triste avec des dieux de granit, des tombes; on y entend, dès l'arrivée, le fracas d'une cascade invisible et comme un bouillonnement d'eau souterraine. Les fidèles ne viennent là qu'à certaines époques de l'année, et, entre deux pèlerinages, les herbes ont le loisir d'envahir les dalles. Il y pousse aussi des cycas longs et frêles, montant le plus haut possible leurs touffes de plumes vertes pour chercher le soleil. Et le temple se trouve au fond, surplombé par des roches verticales d'où pendent des lianes, des racines enchevêtrées comme des chevelures.

En Chine, en Annam, au Japon, c'est l'usage de cacher ainsi des temples n'importe où, au milieu des bois, dans le demi-jour des vallées profondes comme des puits, même dans l'obscurité verdâtre des cavernes ; ou bien de les jeter hardiment au-dessus des abîmes, de les percher sur les sommets désolés des plus hautes montagnes. Les hommes d'Extrême-Asie pensent que les dieux se complaisent en des sites singuliers et rares.

L'entrée du sanctuaire est close, mais, à travers les barreaux à jour de la porte, on voit briller à l'intérieur quelques idoles dorées, tranquillement assises sur d'antiques sièges en laque rouge.

Par elle-même, elle n'a rien de bien particulier, cette pagode ; elle ressemble à toutes celles des campagnes japonaises ; c'est un peu partout la même chose. Son étrangeté lui vient seulement du lieu qu'elle occupe : derrière elle, presque à la toucher, la vallée finit brusquement, fermée, bouchée par la montagne à pic, et, dans le recoin qui reste entre ses murs et les parois abruptes d'alentour, la cascade entendue tout à l'heure tombe avec son grand bruit éternel; il y a là une sorte de bassin sinistre, de gouffre d'enfer, où la gerbe d'eau lancée d'en haut dans le vide bouillonne et se tourmente, toute blanche d'écume entre des rochers noirs.

Nos coureurs se jettent avidement dans ce bain glacé, et nagent, et plongent, avec des petits cris enfantins, en jouant sous cette douche énorme. Alors nous aussi, séduits pour les avoir regardés, nous quittons nos vêtements et nous faisons comme eux.

Pendant que nous nous reposons après,

sur les pierres du bord, vivifiés délicieusement par ce froid, nous recevons une visite inattendue : un pauvre vieux singe et sa pauvre vieille guenon (le bonze gardien et sa femme) sortent du temple, par une petite porte latérale, et viennent nous faire des révérences.

Ils nous préparent, sur notre demande, une dînette à leur manière. Elle est composée de riz et de poissons imperceptibles, pêchés au vol dans la cascade. Ils nous la servent dans de fines tasses bleues, sur de gentils plateaux en laque, — et nous la partageons avec nos djins, assis tous ensemble devant le gouffre bruissant, dans la buée fraîche et les gouttelettes d'eau.

— Comme nous sommes loin de chez nous ! dit Yves, devenu rêveur subitement.

Oh ! oui, en effet ; c'est certain ; c'est même d'une telle évidence que sa réflexion, à première vue, semble avoir la profondeur de celles que M. La Palice faisait dans son temps. Mais je comprends qu'il m'ait exprimé ce sentiment-là, car, au même moment, je l'éprouvais comme lui. Il est incontestable qu'ici nous sommes beaucoup beaucoup plus loin de France que ce matin à bord de la *Triomphante*. Tant qu'on reste sur son propre navire, sur cette maison voyageuse qu'on a amenée avec soi, on est au milieu de figures et d'habitudes du pays, et tout cela fait illusion. Dans les grandes villes même, — comme Nagasaki par exemple, — où il y a du mouvement, des paquebots, des marins, on n'a pas bien la notion de ces distances infinies. Non, mais c'est dans le calme des lieux isolés, étranges comme celui-ci, et surtout c'est quand le soleil baisse comme à présent, qu'on se sent effroyablement loin du foyer.

A peine une heure de repos et il faut repartir. Les djins ont pris une vigueur nouvelle dans cette eau si froide et ils filent encore plus vite, avec des bonds de chèvre, qui nous font sauter nous-mêmes dans nos chars.

Traversé les mêmes plaines, les mêmes rizières, les mêmes torrents et les mêmes villages, — plus tristes, ainsi vus au crépuscule. Des milliers de crabes gris, sortis de leurs trous à la fraîcheur du soir, s'enfuient devant nous sur le chemin.

Au pied de la dernière chaîne de montagnes, celle qui nous sépare de Nagasaki, il est nuit close et nous allumons nos lanternes.

Nos coureurs, toujours nus, vont leur train rapide, — infatigables, s'excitant par des cris.

La nuit est douce, tiède, — en haut très étoilée et en bas pleine de petits feux imperceptibles : vers luisants enfouis sous les hautes herbes, lucioles voltigeant dans les bambous comme des étincelles. Les cigales, naturellement, chantent un grand ensemble nocturne et leur bruit devient de plus en plus sonore à mesure que nous nous élevons dans les régions boisées qui entourent Nagasaki. Tous ces fouillis si verts, tous ces bois suspendus qui, dans le jour, étaient d'une si éclatante couleur, font à présent des masses d'un noir intense, les unes surplombant nos têtes, les autres perdues dans des profondeurs sous nos pieds.

Souvent nous rencontrons des groupes de personnes en voyage, piétons modestes, ou gens de qualité dans des chars à djins; tous portent au bout de bâtonnets des lanternes de route, qui sont de gros ballons blancs ou rouges, peinturlurés de fleurs et d'oiseaux. C'est que le chemin où nous sommes sert de grande voie de communication avec l'intérieur de cette île Kiu-Siu, et, même la nuit, il est très fréquenté; au-dessus et au-dessous de nous, dans les lacets obscurs, nous voyons beaucoup de ces lumières multicolores trembloter parmi les branches d'arbre.

Vers onze heures, halte au hasard, très haut sur la montagne, dans une maison de thé; — une auberge vieille et pauvre, à l'usage sans doute des hommes de peine, des porteurs. Les gens, à moitié endormis, rallument leurs petites lampes et leurs petits fourneaux pour nous faire du thé.

Ils nous le servent sous la véranda, au grand air frais, dans l'obscurité bleuâtre, aux étoiles.

Alors Yves est repris par ces impressions enfantines « d'éloignement du foyer » qu'il avait déjà eues là-bas, dans le gouffre noir où tombait la cascade : « Comme on est perdu ici », dit-il encore. — Et il calcule que le soleil, au moment où il nous quittait tout à l'heure, venait de se lever sur Trémeulé-en-Toulven, — et que c'est justement aujourd'hui le second dimanche de septembre, jour de ce grand pardon auquel nous assistions tous deux l'an dernier, dans les bois de chênes, au son des cornemuses... Que de choses encore ont changé et passé, depuis ce *pardon* de l'année dernière...

Il est plus de minuit quand nous sommes de retour à Nagasaki; mais comme il y avait fête religieuse à la pagode d'Osueva, les maisons-de-thés sont encore pleines de monde, et les rues éclairées.

Là-haut, chez nous, Chrysanthème et Oyouki nous attendaient, étendues, légèrement endormies.

Dans le bassin bleu, sur le toit de madame Prune, nous mettons à tremper une gerbe de fougères rares, cueillies dans la forêt, et puis nous nous endormons d'un lourd sommeil sous nos moustiquaires de gaze.

FEMMES JAPONAISES

LES FEMMES JAPONAISES

Je pensais avoir tiré le trait final sur toute espèce de Japonerie, — et voici que je me suis laissé aller à promettre quelques mots sur ce mystérieux petit bibelot d'étagère qui est la femme japonaise. De nouveau donc je m'entoure de tout ce que peut aviver, jusqu'à l'illusion de la présence, mes souvenirs encore frais de là-bas : robes imprégnées de parfums nippons, vases, éventails, images et portraits. Portraits surtout, innombrables portraits étalés sur ma table de travail, figures rieuses de *mousmés*, connues ou non ; petits yeux tirés aux tempes, petits yeux de chat... Et des toilettes et des poses!... Toutes les mièvreries, toutes les grâces cherchées et bizarres, se drapant dans les plis de longues tuniques ou s'abritant sous l'extravagant bariolage des ombrelles. — Et l'illusion désirée me vient si bien, qu'un murmure de petites voix me semble sortir de ces albums ouverts; autour de moi j'entends, dans le silence, comme des petits rires...

Je ne crois pas qu'un homme de race européenne puisse écrire sur la femme japonaise rien d'absolument juste, s'il veut aller au delà des surfaces et des aspects. Un Japonais seul y parviendrait, — ou peut-être à la rigueur, un Chinois, car il y a des affinités d'âme incontestables entre ces deux peuples pourtant si différents; — et encore, si cette étude était fouillée un peu trop, nous ne la comprendrions plus; elle ne nous apprendrait rien, parce qu'elle nous échapperait par certain côté, qui serait précisément le côté profond et capital. La race jaune et la nôtre sont les deux pôles de l'espèce humaine; il y a des divergences extrêmes jusque dans nos façons de percevoir les objets extérieurs, et nos notions sur les choses essentielles sont souvent inverses. Nous ne pouvons jamais pénétrer complètement une intelligence japonaise ou chinoise; à un moment donné, avec un mystérieux effroi, nous nous sentons arrêtés par des barrières cérébrales infranchissables; ces gens-là sentent et pensent au rebours de nous-mêmes.

Je resterai donc très superficiel dans ce que je vais dire, et j'aime mieux avouer franchement, dès le début, que je ne saurais faire plus...

Bien laides, ces pauvres petites Japonaises ! Je préfère poser cela brutalement d'abord, pour l'atténuer ensuite avec de la gentillesse mignarde, de la drôlerie gracieuse, d'adorables petites mains, et puis de la poudre de riz, du rose, de l'or, sur les lèvres, toutes sortes d'artifices.

Presque pas d'yeux, si peu que rien ; deux minces fentes obliques, divergentes, au fond desquelles roulent des prunelles rusées ou câlines, — comme entre les paupières à peine ouvertes de ces chattes que fatigue le trop grand jour.

Au-dessus de ces petits regards bridés, — mais très loin au-dessus, très haut perchés, — se dessinent les sourcils, aussi fins que des traits de pinceau et nullement retroussés, nullement parallèles aux yeux qu'ils accompagnent si mal ; mais droits sur une même ligne, contrairement à ce qu'on est convenu de faire dans notre imagerie européenne chaque fois qu'il s'agit de représenter une Japonaise.

Je crois que toute l'étrangeté particulière

de ces petits visages de femmes tient dans cet arrangement de l'œil, qui est général, et aussi dans le développement de la joue, qui s'enfle toujours jusqu'à la rondeur de poupée ; du reste dans leurs peintures, les artistes de ce pays ne manquent jamais de reproduire, en les exagérant même jusqu'à l'invraisemblance, ces signes caractérisques de leur race.

Les autres traits sont beaucoup plus changeants, suivant les personnes d'abord, et surtout suivant les conditions sociales. Dans le peuple, les lèvres restent grosses, le nez aplati et court ; dans la noblesse, la bouche s'amincit, le nez s'allonge et s'effile, se recourbe même quelquefois en fin bec d'aigle.

Il n'est pas de pays où les types féminins soient aussi tranchés entre castes différentes. Des paysannes brunes, bronzées comme des Indiennes, bien prises dans leurs très petites tailles, potelées et musclées sous leurs éternelles robes de cotonnade bleue. Des citadines étiolées, vrais diminutifs de femmes, blanches et pâlottes comme de maladives Européennes, avec ce je ne sais quoi de creusé, de miné en-dessous des chairs, qui est l'indice des races trop vieilles. Toutes ces artisanes des grandes villes ont l'air d'avoir été usées héréditairement, usées avant la naissance par une trop longue continuité de travail et de tension d'esprit vers de minutieuses choses ; on dirait que, sur leurs formes grêles, pèse toute la fatigue d'avoir constamment produit, depuis des siècles, ces millions de bibelots, ces innombrables petites œuvres d'épuisante patience dont le Japon déborde. Et chez les princesses alors, l'affinement aristocratique, à force de remonter loin, arrive à former d'étonnantes petites personnes artificielles, aux mains et aux torses d'enfant, dont la figure peinte, plus blanche et plus rose qu'un bonbon frais, n'indique plus d'âge ; leur sourire prend quelque chose de lointain comme celui des vieilles idoles ; leurs yeux bridés ont une expression à la fois jeune et morte.

A d'excessives hauteurs, au-dessus de toutes les Japonaises, l'invisible Impératrice, récemment encore, planait comme une déesse. Mais elle est descendue peu à peu de son empyrée, la souveraine ; elle se montre à présent, elle reçoit, elle parle et même elle lunche, du bout de ses lèvres il est vrai. Elle a quitté ses camails magnifiques semés d'étranges blasons, sa large coiffure d'idole et ses éventails immenses ; elle fait venir, hélas ! de Paris ou de Londres, ses corsets, ses robes et ses chapeaux.

Il y aura cinq années aux chrysanthèmes[1],

[1.] Ceci est écrit en 1890.

pendant l'une des rares solennités où quelques privilégiés étaient admis en sa compagnie, j'avais eu l'honneur de la voir dans ses jardins. Elle était idéalement charmante, passant comme une fée au milieu de ses parterres, fleuris à profusion de fleurs tristes d'automne ; puis venant s'asseoir sous son dais de crépon violet (la couleur impériale), dans la raideur hiératique de ses vêtements aux nuances de colibri. Tout l'appareil délicieusement bizarre dont elle s'entourait encore, lui donnait un charme de créature irréelle. Sur ses lèvres peintes, un sourire de commande, dédaigneux et vague. Son fin visage poudré gardait une expression impénétrable et, malgré la grâce de son accueil, on la sentait offensée de notre présence, que les usages nouveaux l'obligeaient à tolérer, elle, l'Impératrice sacrée, jadis invisible, comme un mythe religieux !

Fini tout cela, maintenant ; rentrés pour jamais dans les armoires et dans les musées, les étonnantes robes aux formes millénaires et les larges éventails de rêve. Le nivellement moderne s'est opéré, d'un seul coup brusque, à cette cour du Mikado qui était restée jusqu'à nos jours plus murée qu'un cloître, et qui avait conservé, depuis les vieux âges, des rites, des costumes, des élégances immuables.

Le mot d'ordre est venu d'en haut ; un édit de l'Empereur a prescrit aux dames du palais de s'habiller comme leurs sœurs d'Europe ; on a fait venir fiévreusement des étoffes, des modèles, des couturières, des chapeaux tout confectionnés. Les premiers essais d'ensemble de ces travestissements ont dû avoir lieu à huis clos, peut-être avec des regrets et des larmes, qui sait, mais plus probablement avec des rires. Et ensuite on a convié les étrangers à venir voir ; on a organisé des garden-parties, des soirées dansantes, des concerts. Les dames nippones qui avaient eu la chance de voyager en Europe, dans les ambassades, ont donné le ton de cette étonnante comédie si vite apprise. Les premiers bals à l'européenne en plein Tokio ont été de vrais tours de force en singerie; on y a vu des jeunes filles, tout en mousseline blanche, gantées au-dessus du coude, minauder dans des chaises en tenant du bout des doigts leur carnet d'ivoire; puis, sur des airs d'opérette, polker et valser presque en mesure, malgré les terribles difficultés que devaient présenter à leurs oreilles tous nos rythmes inconnus. Les vins, les chocolats, les glaces ont circulé, et ces choses absolument nouvelles ont été prises sur les plateaux avec mille grâces, par des mains très fines. Il y a eu de discrets flirtages, des figures de cotillon et des soupers.

Toute cette servile imitation, amusante

certainement pour les étrangers qui passent, indique dans le fond, chez ce peuple, un manque de goût et même un manque absolu de dignité nationale : aucune race européenne ne consentirait à jeter ainsi aux orties, du jour au lendemain, ses traditions, ses usages et ses costumes, même pour obéir aux ordres formels d'un empereur.

Dieu merci, la nouvelle mascarade féminine est encore localisée dans un cercle très restreint : à Tokio seulement, et rien qu'à la Cour et dans le monde officiel. Toutes ces petites personnes, princesses, duchesses ou marquises — (car les vieux titres japonais ont été aussi changés contre des équivalents d'Europe) — qui arrivaient presque à être charmantes dans leurs somptueux atours d'autrefois, sont franchement laides aujourd'hui, dans ces robes nouvelles qui accentuent pour nous l'excessive mièvrerie de leur taille, l'écrasement asiatique de leur profil et l'obliquité de leurs yeux. Distinguées, elles le sont généralement encore; bizarres, fagotées, ridicules tant qu'on voudra; mais communes, presque jamais; sous la gaucherie des nouvelles manières à peine sues, sous l'effort des nouvelles attitudes imposées par les corsets et les baleines, l'affinement aristocratique persiste toujours; — il est vrai, c'est tout ce qui leur reste pour charmer.

Et c'est dans cette période de transition affolée que la grande dame japonaise se présente à nous. Le monde des princesses aux imperceptibles petits yeux morts, aux larges coiffures piquées d'extravagantes épingles, qui était resté jusqu'à ces dernières années si dédaigneusement impénétrable à nos regards d'Occident, vient tout à coup de nous être ouvert; par je ne sais quel revirement inexpliqué, ce monde qui semblait s'être momifié dans les vieux rites et les modes millénaires a secoué en un jour son immobilité mystérieuse. Mais c'est sous un aspect déconcertant que ces femmes nous apparaissent, habillées comme les plus modernes d'entre les nôtres et recevant avec mille grâces dans des essais de salons à l'européenne. Et il ne faut pas perdre de vue que tout ce qu'on nous montre là est factice, superficiel, arrangé à notre intention ; derrière les visages de commande, nous ignorons absolument ce qui se passe ; nous ne devons donc pas nous hâter de sourire et de déclarer insignifiantes ces singulières poupées aux profils plats. Après la représentation qui nous mystifie, elles quittent certainement leurs affreux fauteuils dorés, leurs appartements nouveaux du plus mauvais goût occidental, et — qui sait, — reprenant peut-être les somptueuses robes blasonnées du vieux temps, elles vont s'accroupir sur leurs nattes blanches, dans quelqu'un de ces petits compartiments démontables, à châssis de papier qui composent la traditionnelle maison japonaise ; puis là, regardant de leurs yeux à peine ouverts les lointains des jardins mignards tout en arbres nains, en pièces d'eau et en rocailles, elles redeviennent elles-mêmes, — et nous n'y voyons plus rien. Comment sont-elles alors, dans ces coulisses de leur demeure, et à quoi rêvent-elles dans les coulisses encore plus murées de leur esprit ? C'est ici que l'intrigante devinette se pose. Dans ces têtes pâlottes à longs cheveux droits, dans ces têtes d'étiolées étranges, il y a des petites cervelles pétries au rebours des nôtres par toute une hérédité de culture différente ; il y a des notions inintelligibles pour nous, sur le mystère du monde, sur la religion et sur la mort.

Ces femmes composeraient-elles toujours,

comme au vieux temps, des poésies d'une mélancolie exquise sur les fleurs, sur les fraîches rivières et l'ombre des bois? Ressembleraient-elles à leurs grand'mères, héroïnes des poèmes et des chevaleresques légendes, qui plaçaient si haut le point d'honneur, si haut l'idéal d'amour?... Je ne sais ; mais je crois qu'il serait étourdi de les juger d'après l'éternelle niaiserie souriante qu'elles nous montrent ; j'ai surpris d'ailleurs plus d'une fois des expressions intenses sur ces visages de femme ; sur celui de l'Impératrice entre autres, je me rappelle avoir vu, à deux ou trois reprises, passer comme des éclairs ; ses jolies lèvres peintes au carmin frémissaient, tandis que se pinçait encore davantage son petit nez en bec d'aigle.

La femme comme il faut, non encore européanisée, se retrouve encore, loin de Tokio, loin de la Cour, dans les autres villes de l'Empire. Elle n'a pas quitté ses anciens atours, celle-ci ; on la rencontre en chaise à porteurs ou en petite voiture à bras, toujours très simplement habillée pour la rue ; elle porte, l'une par-dessus l'autre, trois ou quatre robes unies, en soie mate et légère, de couleur sombre ou neutre ; au milieu de son dos, une petite rosace blanche discrètement brodée représente le blason de sa noble famille ; ses cheveux lissés avec une invraisemblable perfection, sont piqués d'épingles d'écaille sans un brillant, sans une dorure ; lorsqu'elle est âgée et strictement fidèle aux modes du passé, ses sourcils sont rasés et ses dents recouvertes d'une couche de laque noire. Elle est plus fuyante, plus difficile à apprivoiser que la bourgeoise ordinaire ; si cependant on force la représentation, on obtient d'elle quelque petit rire aimable, quelque révérence accompagnant une banalité polie ; — puis c'est tout.

Et en somme, on la connaît presque autant, après cette simple rencontre, que les autres, les élégantes des nouvelles couches, avec lesquelles on a dansé un cotillon ou une valse de Strauss dans un bal de ministère. Le plus sage donc, s'il s'agit de définir la grande dame japonaise, est encore de la déclarer énigmatique.

Les bourgeoises, les marchandes, les artisanes, on les voit partout si librement, leur intimité est si vite conquise, que, sans les connaître au fond de l'âme, on peut essayer d'en dire plus long sur leur compte. De ces mille petites personnes, rencontrées n'importe où, dans les maisons-de-thé, les théâtres, les pagodes, l'impression d'ensemble qui me reste manque absolument de sérieux. Il me vient, dès que j'y repense, un involontaire sourire.

Etonnantes figurines, que je revois agitées, empressées, un peu simiesques, évoluant avec de continuelles révérences à l'égard de tout le monde, au milieu de minuscules bibelots de poupée, dans des appartements grands comme la main, dont les parois de papier s'enfonceraient au plus léger coup de poing. Femmes en miniature, à la fois enfantines et vieillottes, dont l'excessive grâce se manière et minaude jusqu'à la grimace ; dont l'éternel rire, contagieux sans gaieté, est irrésistible comme un chatouillement, et produit à la longue la même agaçante lassitude. Elles rient par excès d'amabilité ou par habitude acquise ; elles rient au milieu des circonstances les plus graves de la vie ; elles rient dans les temples et aux funérailles.

Très petites créatures, vivant au milieu de très petits objets aussi maniérés et légers qu'elles-mêmes. Leurs ustensiles de ménage, en fine porcelaine ou en mince métal, sont comme des jouets d'enfant ; leurs tasses, leurs théières sont liliputiennes, et leurs éternelles pipes se remplissent, jusqu'au bord, d'une seule demi-pincée de tabac fin, très fin, prise du bout de leurs élégants petits doigts.

Jamais assises, mais accroupies tout le jour par terre, sur des nattes d'une immaculée blancheur, elles accomplissent, dans cette pose invariable presque tous les actes de leur vie; par terre se font leurs dînettes, servies dans une microscopique vaisselle et mangées délicatement à l'aide de bâtonnets; par terre, derrière de frêles écrans qui les cachent à peine, et entourées d'un déballage de petits instruments drôles, de petites boîtes à poudre, de petits pots, elles procèdent à leur toilette, devant des miroirs pour rire; par terre, elles travaillent, cousent, brodent, jouent de leur guitare au long manche, rêvent à d'insaisissables choses, ou adressent à leurs incompréhensibles dieux les longues prières des matins et des soirs.

Les maisonnettes qu'elles habitent sont, il va sans dire, aussi soignées et maniérées qu'elles-mêmes; presque toujours truquées, à cloisons démontables, à tiroirs, à glissières, avec des compartiments de toutes formes et d'étonnants petits placards. Tout cela d'une propreté minutieuse, même chez les plus humbles; et tout cela d'une apparente simplicité, surtout chez les plus riches. Seul l'autel des ancêtres, où des baguettes d'encens brûlent, est un peu doré, laqué, garni, comme une pagode, de potiches et de lanternes; partout ailleurs, une nudité voulue, une nudité d'autant plus complète et plus blanche que l'habitation est plus élégante. Jamais de tentures brodées nulle part; quelquefois seulement des portières transparentes, faites de perles et de roseaux enfilés. Jamais de meubles non plus; c'est par terre ou sur des petits socles en laque que se posent les objets usuels ou les vases de fleurs. La maîtresse de maison fait consister le luxe de son intérieur dans l'excès même de cette propreté dont je parlais plus haut et qui est une des qualités incontestables du peuple japonais. Il est partout d'usage de se déchausser avant d'entrer dans une maison, et rien n'égale la blancheur de ces nattes sur lesquelles on ne se promène jamais qu'en fines chaussettes à orteil séparé, la blancheur de ces papiers unis qui recouvrent les plafonds et les murs. Les boiseries elles-mêmes sont blanches, ni peintes ni vernies, gardant pour tout ornement, chez les vraies femmes de goût, leurs imperceptibles veinures de sapin neuf. Et j'ai vu plus d'une belle dame surveiller elle-même ses comiques petites servantes pendant qu'elles savonnaient à outrance ces boiseries-là, pour leur donner un air d'être toutes fraîches, un air d'être à peine sorties du rabot des menuisiers.

Dans nos pays, si l'on parle de femmes japonaises, on se représente aussitôt des personnes vêtues de ces robes éclatantes comme celles qu'elles nous envoient; des robes aux nuances tendres et sans nom, brodées de longues fleurs, de grandes chimères et de fantastiques oiseaux. Eh bien, non, ces robes-là sont réservées pour le théâtre, ou pour une certaine classe innommable de femmes qui vivent dans un quartier spécial et dont il m'est interdit de parler ici. Les Japonaises s'habillent toutes de nuances foncées ; elles portent beaucoup d'étoffes de coton ou de laine, le plus souvent unies, ou bien semées de frêles petits dessins nuageux, dont les teintes également sombres diffèrent à peine des fonds. Et le bleu marine est la nuance générale, très dominante, — tellement qu'une foule féminine, même en habits de fête, forme de loin un amas d'un bleu noir, un grouillement de même couleur, où tranchent seulement çà et là quelques rouges éclatants, quelques teintes fraîches portées par de toutes petites filles ou par des bébés.

Ces robes, leur forme est connue; dans dans toutes les images dont le Japon nous inonde, on les a vues peintes ou dessinées. Leur manches larges et flottantes laissent libres les bras, un peu ambrés, qui sont généralement bien faits et que terminent des mains toujours jolies. Les toilettes se complètent de ces larges ceintures appelées *obi*, qui sont d'ordinaire en soie magnifique et dont les coques régulières, formant comme un papillon monstre au bas des petits dos frêles, donnent une grâce si particulière et si cherchée aux silhouettes des femmes. Nos ombrelles, en soie de couleur neutre, commencent à remplacer, pour certaines élégantes, les charmants parasols peinturlurés d'autrefois, sur lesquels, parmi des fleurs et des oiseaux, étaient souvent écrites de suaves pensées, dues à des poètes anciens. Quant à nos chaussures, elles ne sont adoptées encore qu'à Tokio, dans le très grand monde officiel; partout ailleurs on porte la sandale antique, qui s'attache entre le pouce et les menus doigts, et qui se dépose dans les vestibules, comme chez nous les cannes et les chapeaux, qui encombre l'entrée des maisons-de-thé à la mode, qui s'entasse en couches pressées sur les marches extérieures des pagodes les jours de grandes prières. Par les temps de pluie, on ajoute à ses sandales, pour les courses de rue, des socques à très hauts patins de bois qui sonnent bruyamment sur les pavés, tandis que les robes se troussent, et qui feraient tomber n'importe quelle Européenne dès le second pas. Ces dames marchent les talons en dehors, ce qui est une chose de mode, et les reins légèrement courbés en avant, ce qui leur vient sans doute d'un abus héréditaire de révérences.

Leur coiffure est aussi connue du monde entier ; en deux ou trois coups de pinceau les peintres japonais savent la reproduire sous tous ses aspects ou la caricaturer avec un rare bonheur. Mais ce qu'on ignore sans doute, c'est que les femmes, même soignées et coquettes, ne se font peigner que deux ou trois fois par semaine; leurs chignons, leurs bandeaux sont si solidement établis par les spécialistes du genre, qu'ils durent au besoin plusieurs jours sans perdre leur éclat lisse e tlustré. Il est vrai que, pour ne point déranger ces édifices pendant le sommeil des nuits, les dames dorment toujours sur le dos, sans oreiller, la tête dans le vide, soutenue par une sorte de petit chevalet en laque qui emboîte la nuque. C'est par terre qu'elles couchent, j'avais oublié de le dire, sur des matelas ouatés si minces, si minces, qu'on les prendrait chez nous pour des couvre-pieds; du reste, pour dormir, elles sont toujours très chastement vêtues de longues robes de nuit invariablement bleues; — et des petites lampes discrètes, voilées sous des châssis de papier, veillent sans cesse sur leurs rêves, afin d'éloigner les méchants esprits de ténèbres qui, autour des maisonnettes de bois léger, pourraient flotter dans l'air.

Au Japon, les femmes du peuple et de la basse bourgeoisie participent à peu près à tous les travaux des hommes. Elles s'entendent aux affaires et aux marchandages; elles cultivent la terre, elles vendent; elles sont ouvrières dans les fabriques, — ou même portefaix.

Dans leur première jeunesse, si elles sont jolies, elles quittent souvent le toit paternel pour entrer, comme petites soubrettes rieuses

et attirantes, dans les maisons-de-thé et les
auberges. Elles vont là grossir pour un temps
le nombre de ces milliers de *mousmés* desti-
nées à servir et à égayer les premiers venus,
dans tous les lieux où l'on se repose, où l'on
boit et où l'on s'amuse. Il semble vraiment
que, sans la *mousmé*, le Japon n'aurait plus
sa raison d'être. La *mousmé* est innombrable,
elle est légion, et, pour un peu, on croirait
qu'il n'en existe qu'une seule, multipliée à
l'infini, avec son invariable robe bleue ouverte très bas sur la poitrine, avec son même
petit rire, avec ses mêmes petites mines et
coquetteries, et toujours aussi gaie, aussi
disposée à tous les jeux. Non seulement la
mousmé abonde dans les villes, derrière les
minces carreaux de papier des restaurants
et des hôtelleries ; mais même en pleine campagne, chaque fois qu'un site particulière-
ment joli se présente, on est sûr d'y voir
surgir une maison-de-thé ingénieusement

campée sous des arbres et, si l'on entre, c'est encore la *mousmé* qui apparaît, pas plus naïve aux champs que dans les grandes rues de Nagasaki ou de Tokio, toujours souriante, toujours pareille. Malgré son manque absolu de beauté, la *mousmé* est souvent très gentille, parce qu'elle est très joyeuse et très jeune; un peu vieillie, elle ne serait plus supportable; sa grâce éphémère tournerait tout de suite à la grimace de singe. — Mais elle se retire en général avant sa vingtième année, rentre dans sa famille et trouve un mari — d'avance résigné à fermer les yeux sur tous les petits romans qu'elle a plus ou moins ébauchés jadis.... Au Japon du reste, rien ne tire à conséquence; rien n'est bien sérieux, ni dans le passé, — ni, à la rigueur, dans le présent.... Et il y a une telle drôlerie jetée sur toutes choses, une si amusante bonhomie chez tout le monde, qu'on s'y sent beaucoup moins choqué qu'ailleurs par les actes les plus inadmissibles. A la rouerie savante de ces très petites personnes, se mêle je ne sais quelle inconscience enfantine qui les fait excuser avec un sourire et qui leur prêterait presque un charme...

Elles n'ont même pas nos idées élémentaires sur l'inconvenance de se montrer dévêtu; elles s'habillent parce que c'est plus joli, parce que cela drape mieux, et aussi parce que cela tient chaud l'hiver. Mais dans les circonstances où il faut quitter sa robe, — au bain par exemple, — elles ne s'en trouvent pas outre mesure gênées. Irréprochablement propres, elles se baignent beaucoup, mais sans le moindre mystère; à Nagasaki, — ville bien moins européanisée que Yokohama ou Kobé, les grandes cuves rondes qui leur servent de baignoires sont apportées n'importent où, dans les jardinets, à la vue des voisins avec lesquels on fait la causette pendant l'opération ; ou bien, pour les marchandes, dans leurs boutiques même, sans que la porte en soit pour cela fermée aux acheteurs.

Et cependant il serait inexact de les croire dénuées de tout sens moral, même de toute fidélité à leur époux : il y a là encore un tas de choses que nous ne comprenons pas, un tas de nuances très difficiles à saisir, surtout très scabreuses à toucher... Voilà ! on m'a demandé d'écrire sur les Japonaises des choses qui puissent être lues par tout le monde, et je suis obligé alors de laisser absolument de côté la question de leurs mœurs.

Il est certain pourtant qu'elles ont le sentiment de la famille, l'amour attendri de leurs enfants, et le respect excessif de leurs ancêtres vivants ou morts. Elles sont des mères, des grand'mères adorables ; on aime voir les soins touchants et doux qu'elles donnent aux petits, même dans le plus bas peuple; l'intelligence pleine d'amour avec laquelle elles savent les amuser, leur inventer d'étonnants jouets.

Et avec quel art parfait, avec quelle intuition de la drôlerie enfantine, quelle connaissance profonde de ce qui sied aux minois très jeunes, elles les habillent de petites robes délicieusement saugrenues, les coiffent de chignons impayables, en font des bébés d'un comique exquis !

Elles sont même d'adorables *sœurs* aînées ; on les voit presque toutes, petites filles de huit ou dix ans, aller très loin, à la promenade, aux jeux, portant sur le dos, dans une bande d'étoffe nouée autour des reins, un frère à peine sevré, qu'elles amusent avec la plus gentille tendresse.

Et, dans un autre ordre d'idées, j'ai connu deux sœurs, orphelines pauvres, qui pour subvenir en commun à l'éducation très soignée d'un jeune frère, gloire de leur famille, avaient épousé morganatiquement le même vieux richard et se privaient, en faveur de l'étudiant, de tout confort personnel dans la vie.

Je ne sais si elles sont absolument bonnes, mais au moins elles ne sont pas méchantes, ni grossières, ni querelleuses. Leur politesse ne peut manquer du reste d'être inaltérable : la langue japonaise ne possède pas un seul mot injurieux et, dans le monde des marchandes de poissons ou des portefaix, les formules les plus régence sont d'usage.

J'ai vu deux vieilles pauvresses qui ramassaient sur la grève du charbon rejeté par les navires, faire entre elles des cérémonies sans fin, à qui ne prendrait pas tel ou tel morceau en litige, et puis s'adresser des révérences, des compliments inouis, avec des airs de marquises ancien régime.

Malgré leur très réelle frivolité et la niaiserie de leur perpétuel rire, malgré leur air de poupée à ressort, il serait inexact aussi de leur refuser toute élévation d'idées ; elles ont le sentiment de la poésie des choses, de la grande âme vague de la nature, du charme des fleurs, des forêts, des silences, des rayons de lune... Elles disent ces choses en vers en peu maniérés, qui ont la grâce de ces feuillages ou de ces roseaux, à la fois très naturels et très invraisemblables, peints sur les soies et sur les laques. Somme toute, elles sont comme les objets d'art de leurs pays, bibelots d'un raffinement extrême, mais qu'il est prudent de trier avant de les rapporter en Europe, de peur que quelque obscénité ne s'y cache derrière une tige de bambou ou sous une cigogne sacrée. On pourrait les comparer aussi à ces éventails japonais qui, ouverts de droite à gauche, représentent les plus suaves branches de fleurs ; puis qui changent et se couvrent des plus révoltantes indécences si on les ouvre en sens inverse, de gauche à droite.

Leur musique, qui les passionne, est pour nous étrange et lointaine comme leur âme. Quand des jeunes filles se réunissent le soir, pour chanter et jouer de leurs longues guitares, nous ressentons, après le premier sourire étonné, l'impression de quelque chose de très inconnu et de très mystérieux, que les années d'acclimatement intellectuel n'arriveraient pas à nous faire complètement saisir.

Leur religion doit sembler bien compliquée et confuse à leurs petites cervelles légères, quand déjà les plus savants prêtres de leur pays se perdent dans les cosmogonies, les symboles, les métamorphoses de dieux, dans le chaos millénaire, sur lequel le bouddhisme indien est venu si étrangement se greffer sans rien détruire.

Leur culte le plus sérieux semble être celui des ancêtres défunts ; ces sortes de Mânes ou de Dieux Lares ont, dans chaque famille, un autel parfumé, devant lequel on prie longuement matin et soir, — sans cependant croire absolument à l'immortalité de l'âme et à la persistance du moi humain comme l'entendent nos religions occidentales. Leurs morts, presque inconscients eux-mêmes de leur propre survivance d'esprits, flottent dans une sorte d'état neutre, entre l'existence aérienne et le non-être. Autour de ces très vieilles maisonnettes de bois et de papier, qui ont vu se succéder plusieurs générations pieuses et où l'autel des aïeux s'est noirci à la fumée de l'encens, il se forme à la longue, dans l'air, un ensemble impersonnel d'âmes antérieures ; quelque chose comme un *fluide ancestral*, qui plane et veille sur les vivants. — Ici encore, nous ne comprenons pas jusqu'au bout, et il faut nous arrêter en pleine obscurité, devant des barrières intellectuelles que nous ne franchirons jamais.

Aux contresens religieux qui nous déroutent, viennent s'ajouter des superstitions vieilles comme le monde, les plus étranges et les plus sombres, effroyables à entendre conter les soirs. Des êtres, moitié dieux moitié fantômes, hantent les ténèbres des nuits; aux carrefours des bois, se tiennent d'antiques idoles douées de pouvoirs singuliers; il y a des pierres miraculeuses au fond des forêts...

Et, pour avoir une idée approchée des croyances de ces femmes aux petits yeux obliques, il faut brouiller en chaos tout ce que je viens de dire; puis essayer de le transporter dans des cervelles légères, que le rire détourne le plus souvent de penser à la mort, et qui semblent par instant avoir l'irréflexion des oiseaux.

Avec cela, assidues à tous les pèlerinages, — qui sont continuels, — à toutes les cérémonies, à toutes les fêtes dans les temples.

Pendant la belle saison, c'est dans des pagodes délicieusement situées en pleine campagne qu'elles se rendent en troupe souriante, deux ou trois fois par mois, de tous les coins du pays, couvrant les petites routes, les petits ponts, du défilé incessant de leurs robes bleu marine et de leurs larges coques de cheveux bien noirs.

Dans les grandes villes, presque tous les soirs d'été, il y a pèlerinage à un sanctuaire ou à un autre, — quelquefois en l'honneur d'un dieu si antique que personne ne se rappelle exactement son rôle dans le monde.

Après les affaires de toutes sortes, les marchandages, les brocantages, quand les innombrables petits métiers cessent leur bruit monotone, quand les myriades de maisonnettes et de boutiques commencent à fermer leurs panneaux légers, les femmes se parent, ornent leurs cheveux de leurs plus extravagantes épingles, et se mettent en route, tenant en main, au bout de bâtonnets flexibles, de grosses lanternes peinturlurées. Les rues se remplissent du flot de leurs petites personnes, dames ou *mousmés*, qui marchent lentement, en sandales, échangeant entre elles des révérences charmantes. Avec un murmure immense d'éventails agités, de soies frôlées et de babillages rieurs, au crépuscule, au clair de lune ou dans la nuit étoilée, elles montent à la pagode, — où les attendent des dieux gigantesques aux masques horribles, à demi cachés derrière des grilles d'or, dans l'incroyable magnificence des sanctuaires. Elles jettent des pièces de monnaie aux prêtres; elles prient prosternées, en battant des mains à petits coups secs — clac, clac — comme si leurs doigts étaient de bois. Surtout elles jasent, se retournent, pensent à autre chose, essayent de se dérober par le rire à l'effroi du surnaturel...

La paysanne, été comme hiver, vêtue de sa même robe de coton bleu, est de loin, à peine différente du paysan son époux — qui porte chignon comme elle et robe de même couleur; la paysanne que l'on voit journellement courbée au travail, dans les champs de thé ou dans la boue liquide des rizières, coiffée d'un grossier chapeau les jours où le soleil brûle, et la tête complètement enveloppée, dès que souffle la bise, d'un affreux cache-nez toujours bleu, qui ne laisse paraître que ses yeux en amande; la toute petite et drôlette paysanne japonaise, n'importe où on aille la chercher, même dans les recoins les plus perdus des campagnes du centre, est incontestablement beaucoup plus affinée que notre paysanne d'Occident; elle a de jolies mains, de jolis pieds délicats; un rien suffirait à la transformer, à en faire une dame de potiche ou d'écran très présentable, et pour ce qui est des grâces maniérées, des minauderies de tout genre, bien peu de chose resterait à lui apprendre.

La paysanne japonaise entretient presque toujours un gentil jardinet autour de sa vieille maisonnette de bois, dont l'intérieur, garni de nattes blanches, est de la plus minutieuse propreté. Les ustensiles de son ménage, ses petites tasses, ses petits pots, ses petits plats, au lieu d'être en grosse faïence à fleurs criardes, comme chez nous, sont en transparente porcelaine, ornée de ces peintures fines et légères qui témoignent à elles seules d'une longue hérédité d'art. Elle arrange avec un goût original l'autel de ses modestes ancêtres; enfin elle sait composer, dans des vases, avec les moindres branches de verdure ou les moindres brins d'herbe, des sveltes bouquets que les plus artistes d'entre nos femmes seraient à peine capables de faire.

Peut-être est-elle plus honnête que sa sœur des villes, et de mœurs plus régulières, — à notre point de vue européen s'entend; elle est aussi plus réservée vis-à-vis des étrangers, plus craintive, avec un fond de méfiance et d'hostilité contre ces hôtes intrus, malgré son aimable accueil et ses sourires.

Dans les villages du Japon intérieur, loin des récents chemins de fer et de toutes les modernes importations, dans les lieux où l'immobilité millénaire de ce pays n'a pas été troublée, la paysanne doit être très peu différente de ce qu'était, il y a plusieurs siècles, son aïeule la plus lointaine, dont l'âme, évanouie dans le temps, a même cessé de planer au-dessus de l'autel familial. Aux époques dites « barbares » de notre histoire occidentale, ou nos arrière-grand'mères gardaient encore quelque chose de la belle et farouche rudesse primitive, — il y avait sans doute déjà là-bas, dans ces îles à l'orient du monde antique, ces mêmes petites paysannes jolies et mignardes, et aussi ces mêmes petites dames des villes, très civilisées, aux révérences adorables...

En somme, si les Japonaises de toutes les classes sociales sont mièvres d'esprit et de corps, artificielles et précieuses avec je ne sais quoi de travaillé et de déjà vieillot dans l'âme dès le commencement de la vie, c'est peut-être parce que leur race est demeurée pendant trop de siècles séparée des autres variétés humaines, vivant de son propre fonds et jamais renouvelée. Il serait injuste de leur en vouloir de cela, ainsi que de leur laideur sans yeux ; et il faut au contraire leur savoir gré d'être aimables, gracieuses, gaies ; d'avoir fait du Japon le pays des ingénieuses et drolatiques petites choses, — le pays des gentillesses et du rire...

FIN

TABLE

CARMEN SYLVA   1
L'EXILÉE 33
CONSTANTINOPLE EN 1890 113
CHARMEURS DE SERPENTS 193
UNE PAGE OUBLIÉE DE MADAME CHRYSANTHÈME . 199
FEMMES JAPONAISES 225

www.ingramcontent.com/pod-product-compliance
Lightning Source LLC
Chambersburg PA
CBHW050327170426
43200CB00009BA/1487